Allan Kardec

Über das Wesen des Spiritismus

Existenz, Manifestation und Lehre der Geister
Spiritismus als Wegbereiter
für die Evolution der Menschheit

EDITION VISIONEN DIESER ERDE

Herausgegeben von Victor Rollhausen

Band 1

Überarbeitete Neuauflage
der im Verlag von Max Spohr – Leipzig
erschienenen Version
ohne Jahresangabe (vermutlich 1896)
ohne Erwähnung des Übersetzers

2. Auflage, November 2005
EARTH OASIS GmbH, Köln
Webseite: www.earth-oasis-verlag.de

Satz, Druck und Bindung: Aalexx, Das Buch Druck Haus
Printed in Germany
ISBN 3-89539-521-8

Ueber das
Wesen des Spiritismus.

Aus dem Französischen

des

Allan Kardec.

Motto: Die Geisterwelt ist nicht verschlossen.
Dein Sinn ist zu, Dein Herz ist todt!
Goethe, Faust I., 1.

Leipzig
Verlag von Max Spohr.

VORWORT DES HERAUSGEBERS

„So wie der Fötus nicht in der Lage ist zu erkennen, wer ihm zur Welt verhilft, so sind wir Menschen nicht fähig, die Geheimnisse Gottes zu ergründen.“
Diese Aussage höchster geistiger Wesenheiten beschreibt trefflich unser Dilemma als Menschen, relativiert all unsere wissenschaftlichen Anstrengungen und philosophischen Erörterungen, mit denen wir den Gang der Welten zu ergründen suchen.
Bei allem Fortschritt in unseren Erkenntnissen ist es uns als begrenzten Wesen nicht gegeben, die tiefsten Ursachen allen Seins zu begreifen – der Teil kann das Ganze grundsätzlich nicht verstehen; es ist keine Frage quantitativen Fortschritts in unseren Bemühungen, sondern schlicht eine andere Qualität des Seins, die unserer materiellen Realität nicht zugänglich ist.
Allan Kardec, dem die ersten beiden Schriften unserer neuen Edition „Visionen dieser Erde“ gewidmet sind, eröffnete sich um 1850 die Kommunikation mit der Welt der Geister. Es ist sein bleibender Verdienst, die überragende Bedeutung dieser authentischen Quelle höherer Weisheiten richtig eingeschätzt und die empfangenen Botschaften in eine Wissenschaft völlig neuer Tragweite eingeordnet zu haben: den Spiritismus.
Auf Basis der Zeugnisse höchster Geistiger Wesenheiten erhalten wir unwiderlegbare Beweise von der Existenz der Seele, ihrem individuellen Weiterleben nach dem physischen Tod, also den Beweis der persönlichen Unsterblichkeit. Somit ist der Tod nichts anderes als die Zerstörung der groben Hülle des Geistes, denn nur der Körper allein stirbt, der Geist vergeht nicht. Dieser entwickelt sich in den geistigen Sphären sowie in seinen folgenden Inkarnationen weiter; er vervollkommnet sich durch seine Taten und Lebensaufgaben und kann so an das Ende seiner körperlichen Existenzen kommen. Er wird letztendlich zu reinem Geist und genießt die Anschauung Gottes. Dies ist also das Ziel aller irdischen Inkarnationen und es gilt, das Leben mit seinen Herausforderungen freudig und bewusst anzunehmen.
Dieses Buch von Kardec, weitgehend im Dialogstil geschrieben, richtet sich gerade auch an alle Zweifler und Skeptiker, die jedoch die innere Offenheit mitbringen sollten, sich von nicht zu leugnenden Tatsachen, von Beweisen jenseits aller Zweifel überzeugen zu lassen.

Köln, November 2005 Victor Rollhausen

Kardec, Allan (Pseudonym)
= Prof. Hippolyte Léon Denizard Rivail

* 03. 10.1804 Lyon (Frankreich), † 31. 03. 1869 Paris
Begründer des romanischen Spiritismus, Schüler Pestalozzis.

Wer war Allan Kardec

Er wurde am 3. Oktober 1804 als **Léon-Hippolyte-Dénizard Rivail** geboren. Er war Sprössling einer alten Familie, die sich in der Magistratur und Advokatur ausgezeichnet hatte. Er folgte dieser Laufbahn nicht, weil er sich seit frühster Jugend zum wissenschaftlich- philosophischen Studium hingezogen fühlte. Er wurde in der Pestalozzi-Schule zu Yverdon in der Schweiz erzogen, war ein hervorragender Schüler dieses berühmten Lehrers und ein eifriger Verbreiter seines Erziehungssystems, das auf die Unterrichtsreform Deutschlands und Frankreichs einen großen Einfluss ausgeübt hat.

Kardec war bemerkenswert intelligent und sehr begabt. Bereits mit vierzehn Jahren zeigten sich bei ihm seine besonderen Fähigkeiten zum Unterrichten; er lehrte diejenigen seiner Mitschüler, die weniger Kenntnisse hatten als er, alles was er wusste. In dieser Schule entwickelte er Ideen, die ihn später in die Schar der Fortschrittler und Freidenker einreihen sollten.

In einer katholischen Familie geboren, aber in einem protestantischen Land erzogen, erkannte er bereits früh die Intoleranz auf beiden Seiten und ließ in ihm die Idee einer religiösen Reform mit dem Ziel der Glaubenseinigung reifen. Während langer Jahre arbeitete er daran in aller Stille, ohne das zündende Element zur Beilegung dieses großen Konflikts wirklich zu finden. Erst der Spiritismus lieferte es ihm später und prägte seine Arbeit in besonderem Maße.

Nach seinem Studium in der Schweiz ging er zurück nach Frankreich. Aufgrund seiner Kenntnis der deutschen Sprache übersetzte er verschiedene Werke über Erziehung und Ethik für Deutschland, speziell die Werke Fenelon's, die ihn besonders anzogen.

Er war Mitglied mehrerer Gesellschaften von Gelehrten, unter anderen der königlichen Akademie von Arras, die ihn 1831 für eine bemerkenswerte Denkschrift über die Sprache: „Welches ist das mit den Bedürfnissen der Zeit am meisten harmonierende Studiensystem?" ehrten.

Ehe der Spiritismus das **Pseudonym „Allan Kardec"** populär machte, war er bereits durch Arbeiten ganz anderer Natur bekannt geworden. Diese hatten jedoch bereits alle das Ziel, die breite Masse aufzuklären und sie mehr an ihre Familie und ihr Land zu fesseln.

Als gegen 1850 das Phänomen der Geistermanifestationen auftrat, beobachtete Allan Kardec diese Erscheinungen mit bemerkenswerter Ausdauer. Er versuchte nicht nur Sinn und Zweck dieser Manifestationen zu ergründen, sondern auch philosophische Folgerungen daraus abzuleiten. Er als Erster erkannte darin das Prinzip neuer Naturgesetze – Gesetzmäßigkeiten, denen die Beziehungen der sichtbaren und einer unsichtbaren Welt unterstehen.

Kardec's Hauptwerke zu diesem Thema sind:

1. Das Buch der Geister
   - als philosophischer Teil. (1. Ausgabe 18. April 1857)
2. Das Buch der Medien
   - als experimental-wissenschaftlicher Teil. (Januar 1861)
3. Das Evangelium im Lichte des Spiritismus
   - als ethischer Teil. (April 1864)
4. Himmel und Hölle
   oder die göttliche Gerechtigkeit im Lichte des Spiritismus
   (August 1865)
5. Genesis - Die Schöpfungsgeschichte,
   die Wunder und Weissagungen im Lichte des Spiritismus
   (Januar 1868)
6. Der Spiritismus in seinem einfachsten Ausdruck
7. Über das Wesen des Spiritismus
8. „Revue Spirite", Zeitschrift für psychologische Studien; monatliche Sammlungen, begonnen am 1. Januar 1858.

Am 1. April 1858 gründete er in Paris die erste spiritistische Gesellschaft unter dem Namen: „Société Parisienne des Etudes spirites", deren Ziel das Studium all dessen ist, was zum Fortschritt dieser neuen Wissenschaft beitragen kann.

Allan Kardec betonte ausdrücklich, nichts unter dem Eindruck vorgefasster Ideen geschrieben zu haben. Als Mann von eher kaltblütigem und ruhigem Charakter hat er die Tatsachen beobachtet und aus diesen Beobachtungen die Gesetze abgeleitet. Er war der erste Theoretiker des Spiritismus und stellte eine methodische Lehre darüber auf. Er bewies, dass die fälschlicherweise *„übernatürlich"* genannten Erscheinungen und Tatsachen bestimmten natürlichen Gesetzen unterworfen sind und reihte sie in die Ordnung der Naturerscheinungen ein. Somit zerstörte er den letzten Schlupfwinkel des *„Wunderbaren"* und damit eines der stärksten Elemente des Aberglaubens.

Während der ersten Jahre des Auftretens spiritistischer Phänomene waren Kundgebungen mehr ein Gegenstand der Neugierde als ein Objekt ernsten Nachdenkens; sein Werk: ***„Das Buch der Geister"*** betrachtete die Sache aus einem ganz anderen Gesichtspunkt. Man verließ die sich drehenden Tische, die nur ein Vorspiel gewesen waren, und man interessierte sich für die wissenschaftlichen Kernpunkte.

Mit dem Erscheinen des Werkes: *„Das Buch der Geister“* war gleichermaßen die **spiritistische Wissenschaft** begründet, die bis dahin nur aus zerstreuten Elementen ohne Verbindung bestanden hatte, deren Tragweite nicht von jedermann verstanden werden konnte. Von diesem Augenblick an zog jene Lehre die Aufmerksamkeit auch der ernsten Menschen an. In wenigen Jahren fanden die Ideen zahlreiche Anhänger in allen Schichten der Gesellschaft und in allen Ländern. Zu diesem Erfolg trug weitgehend auch die Logik und Klarheit bei, ein hervorragendes Merkmal der Schriften Allan Kardec's.

Besonders seine streng logische Beweisführung bietet allen Streitpunkten wenig Möglichkeit zur Widerlegung und lässt somit langsam die Überzeugung reifen. Die materiellen Beweise, die der Spiritismus von der Existenz der Seele, des Geistes und des künftigen Lebens gibt, haben die Zerstörung der materialistischen und pantheistischen Anschauungen zur Folge.

Einer der fruchtbarsten Grundsätze dieser Lehre ist der Grundsatz von der Vielheit der Existenzen, die schon von sehr vielen alten als auch modernen Philosophen vermutet worden war.

Anstatt des Grundsatzes: *„außerhalb der Kirche kein Heil“*, der die Trennung und Erbitterung zwischen den unterschiedlichen Sekten nährt und der in früheren Zeiten so viel Blutvergießen gekostet hat, erhobt der Spiritismus die Wahrheit zum Grundsatz: *„außerhalb der Nächstenliebe kein Heil“*, das heisst Gleichheit unter den Menschen vor Gott, Toleranz, Gewissensfreiheit und gegenseitiges Wohlwollen! Anstatt des blinden Glaubens, der die Denkfreiheit vernichtet, sagt er: Es gibt keinen unerschütterlichen Glauben, welcher der menschlichen Vernunft aller Zeitalter ins Auge sehen kann. Der Glaube braucht eine Basis, und diese Basis ist die vollkommene Einsicht dessen, was man glauben soll; um zu glauben, genügt es nicht zu sehen, man muss vor allem verstehen. **Der blinde Glaube ist nicht mehr Sache dieses Jahrhunderts; denn gerade das Dogma des blinden Glaubens erweckt heute die größte Zahl der Ungläubigen, weil er sich aufdrängen will und weil er die Hingabe einer der kostbarsten Fähigkeiten des Menschen verlangt: die Vernunft und den freien Willen.**

(Siehe Kardec's Werk: **Das Evangelium im Lichte des Spiritismus**)

Allan Kardec starb am 31. März 1869 in Paris.

Inhaltsangabe

Erste Unterredung

Allan Kardec und der prinzipielle Gegner

Gegner: Ich muss Ihnen gestehen, lieber Herr, meine Vernunft bringt es nicht fertig, die Tatsächlichkeit all jener befremdlichen Erscheinungen zuzugeben, die man den „Geistern" zuschreibt, Wesen, welche nach meiner festen Überzeugung nur in der Einbildung gewisser Leute existieren. Freilich vor dem Augenschein muss man sich beugen, und so würde ich auch nicht anstehen, es zu tun, wenn ich unbestreitbare Beweise erhielte. Die Bitte, die ich demgemäß an Sie zu richten mir erlaube, ist die, mir zu gestatten, ein oder - um nicht unbescheiden zu sein - zweimal bei Experimenten zugegen sein zu dürfen, um womöglich zur gewünschten Überzeugung zu gelangen.

Allan Kardec: Sobald Ihre Vernunft, werter Herr, es nicht über sich bringt, das zuzugeben, was uns als unumstößliche Tatsache erscheint, so ist diese Ihre Vernunft nach Ihrer Überzeugung der Vernunft all derer weit überlegen, die Ihre Ansichten nicht teilen. Nun hege ich keinerlei Zweifel bezüglich Ihrer Talente und erhebe keineswegs den Anspruch, meine Einsicht über die Ihrige zu stellen; also nehmen wir immerhin an, dass ich im Irrtum bin, da denn nun einmal Ihre Vernunft so gebietet, und damit basta!

G.: Nun, indessen - angenommen, es gelänge Ihnen, mich zu überzeugen, mich, der ich als Antagonist Ihrer Ideen bekannt bin, nun, so wäre dies ein Ihrer Sache überaus förderliches Wunder.

A. K.: Bedaure sehr, besitze aber nicht die Gnade der Wundertäter. Sie meinen, ein, zwei Sitzungen würden genügen, Sie zu überzeugen? Nun wahrhaftig, das wäre ein nettes Kraftstück. Ich habe, um meine Überzeugung zu erhalten, über ein Jahr Arbeit gebraucht, woraus Sie abnehmen mögen, dass, wenn ich überzeugt worden bin, mir dies nicht so leicht angeflogen ist. Übrigens halte ich keine Sitzungen ab; fast kommt es mir vor, als ob Sie betreffs unserer Zusammenkünfte in einem Missverständnis befangen sind, insofern wir nicht experimentieren, um die Neugierde des ersten Besten zu befriedigen.

G.: Sie sind also nicht darauf aus, andere von Ihrer Ansicht zu bekehren?

A. K.: Warum sollte ich denn? Ich erzwinge keine Überzeugung. Stoße ich auf Leute, welche den aufrichtigen Wunsch hegen, sich zu unterrichten und erweisen mir solche Personen die Ehre, mich um Aufklärung anzugehen, so mache ich es mir zum Vergnügen und zur Pflicht, in den eng gezogenen Grenzen meines Wissens ihnen zu antworten; was jedoch die Antagonisten anlangt, die wie Sie, festbegründete Überzeugungen haben, so tue ich keinen Schritt, um sie davon abzubringen: finde ich doch nur zu viel gut disponierte Personen, als dass ich nötig hätte, meine Zeit mit solchen zu vergeuden, die es nicht sind. Dass die Überzeugung früher oder später durch die Macht der Tatsachen kommt, und dann die Ungläubigsten vom Strom dahin gerissen werden, das weiß ich. Ein paar Anhänger mehr oder weniger - fällt vorläufig nicht in die Waagschale. Warum mich also echauffieren, um unseren Ideen solche Menschen zuzuführen, die ebenso treffliche Vernunftgründe, wie Sie haben, sich von ihnen entfernen.

G.: Vielleicht indessen wäre es für Sie doch nützlicher als Sie selbst zu glauben scheinen, wenn es Ihnen gelänge, mich zu überzeugen. Gestatten Sie mir, mich mit Offenheit zu erklären, und versprechen Sie mir, meine Worte nicht übel zu deuten? Es handelt sich hier um meine Ideen über die Sache, nicht über die Person, an welche ich mich wende; ich kann die Person hochachten, ohne ihre Ansicht zu teilen.

A. K.: Ich habe es beim Studium des Spiritismus gelernt, kleinliche Regungen der Eigenliebe nicht sonderlich zu achten und an den Worten keinen Anstoß zu finden. Treten Ihre Worte aus den Grenzen der Höflichkeit und Schicklichkeit heraus, so ziehe ich daraus den Schluss, dass Sie eine schlechte Erziehung genossen: und damit gut! Was mich anbelangt, so lasse ich lieber den anderen das Unrecht, als das ich mich zum Teilnehmer daran mache. Schon hieraus können Sie ersehen, dass der Spiritismus doch zu etwas gut ist.

Wie gesagt, es kommt mir absolut gar nicht darauf an, Sie für meine Ansicht zu gewinnen; ich zolle der Ihrigen alle Achtung, wenn sie aufrichtig ist, wie ich wünsche, man möge auch der meinen dieselbe Achtung zollen. Da der Spiritismus in Ihren Augen nichts weiter als ein Hirngespinst ist, so schwebte Ihnen natürlich auf dem Wege zu mir der Gedanke vor: „Jetzt besuche ich einen Verrückten." Gestehen Sie es nur, ich nehme es Ihnen nicht übel. Alle Spiritisten sind verrückt: das versteht sich von selbst. Nun, lieber Freund, wenn Sie hierin eine Geisteskrankheit erblicken, so müßte ich wohl Bedenken haben, Ihnen die gewünschte Mitteilung zu machen, ja, ich bin wirklich erstaunt, wie Sie bei dieser Anschauung über die Sache eine Überzeugung zu erlangen wünschen, die Sie unter die Zahl der Verrückten reihen würde. Sind Sie dagegen von vornherein überzeugt, dass Sie überhaupt nicht überzeugt werden können, so ist Ihr Schritt ganz unnütz, da er ja dann nur der Befriedigung der Neugierde dient. Machen wir es also kurz, ich bitte, denn es fehlt mir zu einer zwecklosen Unterhaltung an Zeit.

G.: Nun, man kann sich ja täuschen, sich Illusionen machen, ohne deshalb verrückt zu sein.

A. K.: Sagen Sie es nur geradeheraus: Sie meinen mit vielen anderen, es ist eine Manie der Zeit; aber Sie werden mir einräumen müssen, dass eine Manie, die in einigen Jahrzehnten Millionen von Anhängern in allen Ländern gewonnen hat, die Gelehrte jeden Ranges zu den ihren zählt, die sich vorzugsweise aus den aufgeklärten Bevölkerungsklassen rekrutiert, eine seltsame Sucht ist, die einiger Beachtung wert sein mag.

G.: Allerdings habe ich hierüber meine Gedanken; doch stehen sie nicht so absolut fest, dass ich nicht bereit wäre, sie dem Augenschein zu opfern. Ich sagte also, Sie müßten ein gewisses Interesse haben, mich zu überzeugen. Ich will Ihnen nur gestehen: ich bin daran, ein Buch zu schreiben, in welchem ich mir die Aufgabe stelle, professionell die hier in Betracht kommenden Irrtümer darzulegen; und da dies Buch eine weitere Verbreitung finden und die Geister in die Enge treiben dürfte, so würde ich, wenn ich doch etwa überzeugt werden sollte, es nicht veröffentlichen.

A. K.: Oh, ich wäre untröstlich, Sie des Vorteils zu berauben, den eine so weite Verbreitung Ihres Buches Ihnen natürlich sichert; auch habe ich durchaus kein Interesse daran, Ihnen hierbei Hindernisse in den Weg zu legen; im Gegenteil wünsche ich Ihrem Buch eine möglichst gute Aufnahme: wir sparen damit Prospekte und Annoncen. Wenn etwas angegriffen wird, so wird die öffentliche Aufmerksamkeit darauf gelenkt; es gibt eine ganze Menge Menschen, die das Für und Wider sehen wollen: der kritische Tadel verbreitet die Kenntnis einer Sache selbst unter solchen, die nie daran gedacht haben und nie darauf gekommen wären. So macht man oft Reklame zugunsten derer, denen man schaden möchte und zwar ohne es zu wollen. Übrigens ist die Frage wegen der Geister von so ergreifendem Interesse, sie kitzelt die Neugierde derartig, dass es einfach genügt, sie der Aufmerksamkeit des Publikums empfohlen zu haben, um zu eingehenderen Studien Lust zu machen.

G.: Also nach Ihrer Ansicht nutzt die Kritik ebenso wenig etwas als die öffentliche Meinung dabei ins Gewicht fällt?

A. K.: Ich kann die Kritik nicht als den Ausdruck der öffentlichen Meinung, sondern als individuelle, vielfacher Täuschung unterworfene Ansicht betrachten. Nehmen Sie zum Beweis die Literaturgeschichte her. Wie viele Meisterwerke sind bei ihrem ersten Erscheinen abfällig beurteilt worden, was sie keineswegs daran gehindert hat, Meisterwerke zu bleiben; ebenso sind alle Lobsprüche der Welt unvermögend, eine schlechte Sache zu einer guten zu machen. Wenn der Spiritismus ein Irrtum ist, so wird er von selbst fallen; beruht er auf Wahrheit, so werden alle Schmähschriften ihn nicht zu Schanden machen. Ihr Buch wird eine rein persönliche, von Ihrem Standpunkt geschriebene Beurteilung sein; die wahre öffentliche Meinung wird über die Korrektheit dieses Ihres Standpunktes ihr Urteil fällen. Bezüglich dieses Punktes wollen wir das Weitere abwarten: und wenn später einmal sich herausstellen sollte, dass Sie im Irrtum waren, wird Ihr Buch ebenso lächerlich sein, wie z.B. die Schriften, welche ehedem die Theorie der Blutzirkulation oder der Kuhpockenimpfung u.s.w. bekämpften.

Doch ich vergesse Eines! Sie behandeln ja die Frage professionell, das heißt doch wohl: Sie haben sie von allen Seiten studiert, haben alles gesehen, was man sehen kann, haben alles gelesen, was über den Gegenstand geschrieben worden ist, haben die verschiedenen Ansichten analysiert und verglichen, haben die günstigsten Gelegenheiten gefunden, um eigene Beobachtungen anzustellen, mit einem Wort, Sie haben nichts vernachlässigt, um endgültig zur Wahrheit zu gelangen. Dass dem so ist, kann doch wohl keinem Zweifel unterliegen, wenn Sie ein ernsthafter Mann sind; denn dies alles muss man doch getan haben, um mit Recht von sich sagen zu können, man spreche auf Grund umfassender Kenntnisse.

Was würden Sie denn von einem Menschen denken, der sich zum Kritiker eines literarischen Werkes emporschwingen wollte, ohne die einschlägige Literatur zu kennen, zum Kritiker eines Gemäldes, ohne auf dem Gebiet der Malerei zu Hause zu sein? Die allerelementarste Logik lehrt doch, dass der Kritiker nicht etwa oberflächlich, sondern gründlich das kennen muss, worüber er sich äußert, sonst ist seine Ansicht ohne allen und jeden Wert. Um eine Rechnung anzufechten, muss man eine Gegenrechnung aufstellen: dazu gehört aber, dass man rechnen kann. Der Kritiker darf sich nicht darauf beschränken, zu sagen: „Das und das ist gut oder schlecht“; nein, er muss auch seine Ansicht in klar-kategorischer, auf wissenschaftlichen oder künstlerischen Grundsätzen beruhender Darlegung rechtfertigen. Können Sie wohl die Eigenschaften oder Mängel einer Maschine würdigen, wenn Sie ihren Mechanismus nicht kennen? Nein! Nun denn, so möchte wohl auch Ihr Urteil über den Spiritismus, welchen Sie nicht kennen, keinen höheren Wert haben, als das, welches Sie über jene Maschine fällen. Jeden Augenblick würde man Sie in flagranti auf der Ignoranz ertappen; denn die, welche ihn wirklich studiert haben, sehen sofort, dass Sie der Frage ganz fern stehen und ziehen selbstverständlich daraus den Schluss, entweder, dass Sie als Mann überhaupt gar nicht ernst zu nehmen sind, oder dass es Ihnen an der nötigen Redlichkeit fehlt; in beiden Fällen würden Sie sich der Gefahr aussetzen, in einer für Ihre Eigenliebe wenig schmeichelhafte Weise dementiert zu werden.

G.: Eben um diese Klippe zu vermeiden, bitte ich Sie, mir zu gestatten, einigen Experimenten beizuwohnen.

A. K.: Und Sie denken, dies genüge, um über Spiritismus professionell zu sprechen? Aber wie in aller Welt können Sie diese Experimente begreifen oder gar beurteilen, wenn Sie die Grundlehren nicht studiert haben, die ihre Unterlage bilden? Wie können Sie z.B. ein befriedigendes oder nicht befriedigendes Resultat metallurgischer Versuche würdigen, wenn Sie in der Hüttenkunde keine gründlichen Kenntnisse besitzen? Lieber Herr, Sie nehmen es mir nicht übel, aber Ihr Vorhaben ist genau dasselbe, als ob Sie ohne alle Kenntnis mathematischer Wissenschaft oder der Astronomie zu einem der Herren von der Sternwarte sagen wollten: „Ich beabsichtige über Astronomie ein Buch zu schreiben und sogar zu beweisen, dass Ihr System falsch ist; aber da ich davon kein Jota verstehe, so haben Sie wohl die Güte, mich ein bis zweimal durch Ihr Fernrohr gucken zu lassen; mehr brauche ich nicht, um ebensoviel zu wissen, wie Sie.

Erst in erweiterter Bedeutung gewinnt das Wort „kritisieren" die Bedeutung von „tadeln"; nach seiner eigentlichen Bedeutung und seiner Etymologie heißt es *beurteilen, würdigen.* Die Kritik kann also an und für sich zustimmend oder abfällig sein. Ein Buch kritisieren heißt nicht notwendigerweise es verdammen; wer sich dieser Aufgabe unterzieht, muss ohne vorgefasste Ideen herangehen; wenn er aber das Buch, noch bevor er es geöffnet hat, schon innerlich verurteilt hat, nun, so kann seine Prüfung desselben eine unparteiische nicht sein.

So steht es um die Mehrzahl derer, die über Spiritismus gesprochen haben. Auf das bloße Wort hin haben sie sich eine Ansicht gebildet, haben es wie ein Richter gemacht, der seine Erkenntnis publiziert, ohne sich die Mühe gemacht zu haben, die Urkunden und Akten einzusehen. Die Folge war, dass sie ein unmotiviertes Urteil gefällt und dass sie statt Überzeugung nur Gelächter herbeigeführt haben. Was diejenigen betrifft, welche die Frage ernsthaft studierten, so haben die meisten - man kann vielleicht sagen alle - ihre Ansicht geändert und mehr als einer ist Anhänger der Sache geworden, als er entdeckte, dass es sich hierbei um etwas ganz anderes handelt, als er vermeint hatte.

G.: Sie sprechen so im allgemeinen von Bücherrezensionen; glauben Sie wirklich, dass es einem Journalisten tatsächlich möglich ist, alle Bücher zu lesen und zu studieren, die ihm durch die Hände gehen, zumal wenn es sich um neue Theorien handelt, die er erst eingehend untersuchen und verifizieren müßte? Mit demselben Recht könnte man von einem Buchdrucker verlangen, dass er alle Werke, die aus seiner Druckerei hervorgehen, lese.

A. K.: Auf eine so verständnisvolle Bemerkung habe ich nichts zu antworten, höchstens das eine, dass, wenn man nicht Zeit hat, etwas ordentlich zu tun, man sich gar nicht einmischen soll und dass es besser ist, ein Ding gut als zehn schlecht zu machen.

G.: Glauben Sie nicht, dass ich mir meine Ansicht so leichtfertig gebildet habe. Ich habe dem Tischrücken beigewohnt, habe Klopflaute gehört, Personen gesehen, welche, wie man behauptete, unter dem Einfluss von Geistern schrieben; aber ich bin überzeugt, das alles ist Scharlatanerie.

A. K.: Wie viel haben Sie Eintrittsgeld zahlen müssen?

G.: Allerdings nichts, gar nichts.

A. K.: Nun, das sind Scharlatane von einer merkwürdigen Art gewesen, die das Wort wieder zu Ehren bringen werden. Bis jetzt hat man noch keine uninteressierten Scharlatane gesehen. Sollte sich jemand vielleicht einmal einen schlechten Witz erlaubt haben, folgt denn daraus, dass die anderen Personen alle Helfershelfer sind? Zu welchem Zweck sollten sie sich denn übrigens zu Mitschuldigen einer Mystifikation machen? Um die Gesellschaft zu erheitern, sagen Sie. Nun, ich kann mir allenfalls denken, dass man sich einmal zu einem Spaß hergibt; Wenn aber ein solcher Spaß Monate und Jahre dauert, dann, denke ich, ist der Mystifizierende selbst der Mystifizierte. Ist es wahrscheinlich, dass jemand, um den Schein der Wahrheit zu erregen bei einer Sache, die, wie ich weiß, falsch ist, sich ganze Stunden ruhig an einen Tisch bannt? Das Vergnügen lohnte doch nicht die Mühe.

Bevor man den Schluss zieht, es lieg eine Täuschung vor, muss man sich doch fragen, welches Interesse der Betreffende an der Täuschung haben kann; nun werden Sie mir doch einräumen, dass es Lebensstellungen gibt, die jeden Verdacht eines Betruges ausschließen, Personen, deren bloßer Charakter eine Garantie der Rechtschaffenheit ist.

Etwas anderes wäre es, wenn es sich um eine Spekulation handelt: denn die Lockung nach Gewinn ist ein übler Ratgeber; aber nehmen wir selbst einmal an, es läge der letztere fall vor, es sei ein betrügerisches Gebaren wirklich konstatiert, so würde dies noch nichts gegen die Tatsächlichkeit des Prinzips beweisen, da man ja bekanntlich Missbrauch mit allem möglichen treiben kann. Aus dem Umstand, dass es Leute gibt, die gefälschte Weine verkaufen, folgt noch nicht, dass es gar keine reinen Weine gibt. Der Spiritismus ist ebenso wenig verantwortlich für solche, die mit seinem Namen Missbrauch treiben und ihn ausbeuten, als die medizinische Wissenschaft für jene Scharlatane, die quacksalbern, oder die Religion für die Priester, die ihr Priesteramt missbrauchen.

Allerdings mußte der Spiritismus eben wegen seiner Neuheit und wegen seiner Beschaffenheit zu Missbräuchen Anlass geben; gleichzeitig bietet er aber auch die Mittel, sie zu erkennen, indem er deutlich seine wahren Ziele definiert und jede Solidarität mit Leuten abweist, die ihn ausbeuten oder von seinem wahren Ziel - das ein rein sittliches ist - abwenden könnten, um daraus ein Metier, oder ein Instrument für Wahrsagerei oder seicht-gehaltlose Untersuchungen zu machen.

Damit aber, dass der Spiritismus selbst die Grenzlinien zieht, in denen er sich hält, genau feststellt, was er lehrt und was er nicht lehrt, angibt, was er kann und was er nicht kann, was in seinen Bereich fällt und was nicht, damit, sage ich, setzen sich die ins Unrecht, die ihn, ohne sich die Mühe eingehender Studien zu nehmen, aufgrund von Äußerlichkeiten be- und verurteilen, die, weil sie Marktschreiern begegnen, welche sich zur Erregung der öffentlichen Aufmerksamkeit mit dem Namen Spiritisten aufputzen, nun gleich mit wichtiger Miene erklären: „Da seht ihr, was es mit dem Spiritismus auf sich hat." Auf wen fällt denn nun eigentlich die Lächerlichkeit? Doch nicht auf den Marktschreier, der seinem Geschäft nachgeht, noch auf den Spiritismus, dessen gedruckt vorliegende Doktrin derartige Behauptungen Lügen straft, wohl aber auf jene Kritiker, die mit voller Überlegung von Dingen reden, die sie nicht wissen oder die wissentlich die Wahrheit fälschen. Diejenigen, welche dem Spiritismus Dinge in die Schuhe schieben, welche ganz gegen sein wahres Wesen sind, tun dies entweder aus Ignoranz oder mit Absicht; im ersteren Falle liegt Leichtfertigkeit, im letzteren Gewissenlosigkeit vor. Im letzteren Falle ähneln sie gewissen Geschichtsschreibern, welche historische Tatsachen im Interesse einer Partei oder einer Meinung ummodeln. Durch Anwendung derartiger Mittel hat noch keine Partei sich Kredit verschafft, keine ihr Ziel erreicht.

Beachten Sie recht wohl, dass ich keineswegs den Anspruch erhebe, die Kritik müsse notwendigerweise selbst nach vorausgegangenem Studium unsere Ideen annehmen; es fällt uns nicht ein, die tadeln zu wollen, die nicht wie wir denken. Das, was für uns augenscheinlich ist, braucht es deshalb nicht für jedermann zu sein. Jeder beurteilt die Dinge von seinem Standpunkt, und aus dem positivsten Faktum ziehen nicht alle die nämlichen Folgerungen. Bringt z.B. ein Maler auf einem Gemälde einen Schimmel an, so darf wohl einer die

Bemerkung wagen, es mache dieses Pferd einen üblen Eindruck, ein Rappe hätte besser hingepasst: sobald er aber sagt: „Das ist ein Rappe", wenn es ein Schimmel ist, setzt er sich ins Unrecht. So machen es die meisten Widersacher des Spiritismus.

Kurz, lieber Herr, jeder hat die vollständige Freiheit, die Prinzipien des Spiritismus zu billigen oder zu tadeln, daraus gute oder schlechte Folgerungen ganz nach seinem Belieben zu ziehen, aber Gewissenssache und Pflicht ist es für jeden ernsthaften Kritiker, nicht das Gegenteil von dem, was ist, zu behaupten, und um dies tun zu können, muss man vor allem nur über solche Dinge reden, die man versteht.

G.: Doch kehren wir zum Tischrücken und Tischklopfen zurück. Wäre es denn nicht denkbar, dass die Tische eigens dazu präpariert sind?

A. K.: Immer wieder die Frage nach der Redlichkeit des Gebarens, worauf ich bereits Antwort gegeben. Sobald ein Betrug nachgewiesen ist, so überantworte ich Ihnen selbigen; führen Sie Tatsachen an, bei denen erwiesenermaßen Betrug, Scharlatanerie, Ausbeutung oder Vertrauensmissbrauch im Spiele gewesen, dann mögen Sie immerhin öffentlich auspeitschen und mit ihnen verfahren, wie es rechtens, wobei ich Ihnen erkläre, dass ich die Verteidigung nicht übernehme: denn der Spiritismus ist der erste, der sie zurückweist, und wer Missbräuche anzeigen kann, der wirkt dahin, sie unmöglich zu machen; der ist ein Freund des Spiritismus. Aber diese Anklagen verallgemeinern, auf eine Menge hochachtbarer Männer die Fluten des Tadels ausgießen, den höchstens einige Individuen verdienen, das ist ein Missverfahren noch ganz anderer Art, das ist Verleumdung.

Zugegeben die Tische wären, wie Sie sagen präpariert, bedürfte es da nicht eines höchst sinnreichen Mechanismus, um so verschiedenartige Bewegungen und Geräusche zu erzeugen? Wie kommt es denn, dass man noch nicht den Namen des geschickten Fabrikanten kennt, der sie herstellt? Er müßte sich doch einer ziemlichen Berühmtheit erfreuen, da seine Apparate in allen fünf Erdteilen bekannt sind. Auch muss man zugeben, dass ein Verfahren sehr fein sein muss, da es sich bei dem erstbesten Tisch ohne äußere Spur anbringen lässt. Wie kommt es denn, dass seit Tertullian (wurde um 195 Kirchenschriftsteller), der ebenfalls des Tischrückens und Tischklopfens gedenkt, bis zum heutigen Tag niemand das Verfahren gesehen und beschrieben hat?

G.: Da haben wir ja gleich einen Irrtum Ihrerseits. Ein berühmter Chirurg hat die Beobachtung gemacht, dass gewisse Personen durch Kontraktion eines Beinmuskels ein Geräusch hervorbringen können, gleich jenem Geräusch, das dem Tisch zugeschrieben wird. Er zieht hieraus den Schluss, dass eure Medien sich auf Kosten der Leichtgläubigkeit belustigen.

A. K.: Nun, wenn es ein Muskelknacken ist, so ist also der Tisch nicht präpariert. Da denn also ein jeder sich diesen vorgeblichen Betrug nach seiner Weise erklärt, so ist dies der augenfällige Beweis, dass weder die einen noch die anderen die wahre Ursache kennen dürften.

Ich habe alle Hochachtung vor der Wissenschaft dieses gelehrten Chirurgen, nur bieten sich einige Schwierigkeiten dabei, das angedeutete Faktum auf das Tischklopfen anzuwenden. Erstens ist es doch sonderbar, wenn eine bis jetzt nur ausnahmsweise vorhandene und als pathologische Besonderheit betrachtete Fähigkeit mit einem Mal so gewöhnlich geworden sein soll; zweitens gehört eine tüchtige Portion Fopplust dazu, um zwei bis drei Stunden hintereinander seinen Muskel Knackübungen machen zu lassen, wenn das weiter nichts einbringt als Ermüdung und Schmerz; drittens sehe ich nicht, wie genannter Muskel mit Türen und Wänden korrespondiert, in welchen sich jene Klopftöne oft hören lassen; viertens endlich muss selbiger Knackmuskel eine ganz wunderbare Beschaffenheit haben, um einen schweren Tisch zu bewegen, zu heben, zu öffnen, zu schließen, in der Schwebe ohne Stützpunkt zu halten und schließlich ihn beim Fallen zu zerschmettern. Wer hätte gedacht, dass dieser Muskel so viele treffliche Eigenschaften besitzt!

Hat der berühmte Chirurg, von dem Sie sprechen, das Phänomen der Typtologie (das Klopfen) an denen studiert, die es hervorbringen? Nein! Er hat an einigen Individuen, die sich niemals mit Tischklopfen befasst haben, eine abnorme physiologische Wirkung konstatiert, die eine gewisse Ähnlichkeit mit der von Tischen produziert hat, und so schließt er ohne weitere Prüfung nach bekanntem logischen Schnitzer, dass alle die, welche aus Klopftönen zusammenhängende Sätze heraus buchstabieren lassen (die typtologischen Medien), auch die Fähigkeit haben müssen, ihre kurzen Wadenmuskel knakken zu lassen, dass sie alle Welt zum besten halten, gleichgültig, ob sie sich dafür bezahlen lassen oder nicht. Hat dieser große Chirurg wenigstens das Phänomen der Typtologie (der durch Klopftöne hervorgebrachten Worte) in allen seinen Erscheinungsformen studiert? Hat er gezeigt, ob man mit Hilfe dieses „Muskelknackens" alle typtologischen Wirkungen hervorbringen kann? Fällt ihm nicht ein; sonst würde er sich von dem Nichtgenügen seiner Hypothese genug überzeugt haben; indessen hat ihn dies nicht gehindert, diese seine Entdeckung im Plenum der Akademie zu Paris mitzuteilen. Ernst genug hat er also seine Sache genommen: doch was ist heute davon noch übrig? Ich gestehe Ihnen, wenn ich mich einer chirurgischen Operation zu unterwerfen hätte, ich würde schweres Bedenken hegen, mich diesem Praktikus anzuvertrauen: müßte ich doch fürchten, dass er auch mein Übel mit demselben Scharfsinn beurteilen werde.

Wenn dieser Herr eine der Autoritäten ist, auf welchen Sie - wie es in der Tat den Anschein hat - Ihr abfälliges Urteil über den Spiritismus begründen wollen, so bin ich betreffs der Schlagkraft der anderweit von Ihnen geltend zu machenden Argumente vollkommen beruhigt.

G.: Und doch sehen Sie, dass die Mode des Tischrückens abgekommen ist; eine Zeit lang war es eine wahre Leidenschaft; heutigen Tages gibt man sich nicht mehr damit ab. Wie kommt das, wenn etwas Ernsthaftes an der Sache ist?

A. K.: Weil aus dem Tischrücken sich etwas noch Ernsthafteres entwickelt hat; es hat sich eine ganze Wissenschaft daraus entwickelt - eine für denkende Menschen noch weit interessantere *philosophische Doktrin.* Als diese denkenden Männer vom Tischrücken nichts mehr lernten, haben sie sich damit auch nicht mehr abgegeben. Für oberflächliche Menschen, die einer Sache nicht auf den Grund zu gehen vermögen, war es ein Zeitvertreib, ein Spielzeug, dass sie weggeworfen haben, als sie seiner satt waren; auf dem Felde der Wissenschaft zählen solche Leute nicht. Die Periode der Neugierde hat ihre Zeit gehabt: Beobachtung ist an ihre Stelle getreten.

Damit trat der Spiritismus auf den Boden, auf welchem sich ersthafte Männer bewegen, die sich nicht amüsierten, sondern auf Belehrung ausgingen. So geben sich denn auch Männer, die es ernst mit der Sache nehmen, zu keinem Neugier-Experiment her, am allerwenigsten für solche, die mit feindseligen Gedanken herantreten, sie, die sich nicht selbst amüsieren, suchen auch die anderen nicht zu amüsieren, und zu diesen gehöre ich.

G.: Und doch kann nur das Experiment Überzeugung verschaffen, selbst wenn man für den Anfang nur eine Befriedigung der Neugierde bestrebt. Wenn Sie nur in Gegenwart bereits überzeugter Personen operieren, so scheinen Sie „Eulen nach Athen“ zu tragen.

A. K.: Es ist ein Unterschied zwischen „überzeugt sein“ und „geneigt sein, sich überzeugen zu lassen“. Ich wende mich an letztere und nicht an solche, die ihre Vernunft zu erniedrigen glauben, wenn sie solche „Träumereien“ anhören. Um solche bekümmere ich mich schlechterdings gar nicht. Was die anlangt, welche den aufrichtigen Wunsch nach Aufklärung an den Tag legen, so ist das beste Mittel, dies zu beweisen, wenn sie Ausdauer zeigen: solche aber erkennt man an anderen Zeichen, als an dem Wunsche „ein oder zwei Experimente zu sehen.“ Diese Leute wollen ernstlich arbeiten!

Erst im Verlauf längerer Zeit und anhand sorgfältigst angestellter Experimente findet sich die Überzeugung ein. Die spiritistischen Phänomene unterscheiden sich wesentlich von denen unserer exakten Wissenschaften: sie werden nicht willkürlich hervorgebracht, sondern wollen im Moment des Geschehens erhascht sein. Erst nach langem und häufigem Sehen entdeckt man eine Menge Beweise, die beim ersten Blick sich entziehen, namentlich wenn man mit den Bedingungen nicht vertraut ist, unter welchen sie eintreten können und ganz besonders, wenn man mit einer gewissen Voreingenommenheit herantritt. Für den emsigen und bedächtigen Beobachter sind die Beweise massenhaft vorhanden: ihm dient ein Wort, eine anscheinend unerhebliche Tatsache zur Aufklärung, zur Bestätigung; für den oberflächlichen, vorüberlaufenden Beobachter, für den bloßen Neugierigen sind sie nicht vorhanden, und dies ist der Grund, warum ich mich nicht zu wahrscheinlich resultatlosen Experimenten hergebe.

G.: Aber man muss doch einmal anfangen. Der Novize, der gewissermaßen eine tabula rasa ist, der nichts gesehen hat, aber gern aufgeklärt sein möchte, wie soll er es anfangen, wenn Sie ihm nicht die Mittel dazu geben?

A. K.: Ich mache einen großen Unterschied zwischen dem Ungläubigen aus Unwissenheit und dem Ungläubigen aus Prinzip. Entdecke ich an jemand günstige Dispositionen, so bin ich bei der Hand, ihn aufzuklären; es gibt aber Leute, bei denen der Wunsch, sich zu unterrichten, nur ein trügerischer Schein ist. Bei solchen verliert man seine Zeit; denn finden sie nicht gleich das, was sie scheinbar suchen und was sie nicht einmal gern finden, so ist das Wenige was sie sehen, nicht genügend, ihre Vorurteile zu zerstören.

Zu dem aber, der wirklich Lust hat, zu lernen, pflege ich zu sagen: „Einen Kursus im Experimentalspiritismus kann man nicht durchnehmen, wie man etwa einen Kursus in der Physik oder Chemie durchnimmt, da man es nie in seiner Gewalt hat, nach Belieben Phänomene hervorzubringen und die unsichtbaren Intelligenzen, auf welche sie zurückzuführen sind, oft unser Vorausschauen vereiteln. Die Phänomene, welche Sie zufällig beobachten, würden, da sie ohne alle methodische Verbindung und Verknüpfung erfolgen, für Sie wenig verständlich sein. *Treiben Sie also zuerst Theorie*; lesen Sie aufmerksam die Werke über diese Wissenschaft, Sie werden in ihnen die Prinzipien und Die Beschreibung aller Phänomene finden; durch die Erklärung, die von letzteren gegeben wird, werden Sie die Möglichkeit derselben begreifen und eine Menge von Tatsachen aus Ihrem eigenen Leben jetzt ganz anders ansehen; Sie werden sich mit allen Ihnen entgegentretenden Schwierigkeiten abfinden und sich eine vorläufig moralische Überzeugung bilden. Wenn sich dann einmal die Gelegenheit bietet, selbst zu sehen und zu experimentieren, werden Sie den Tatsachen, in welcher Reihe sie sich auch einstellen mögen, ein wirkliches Verständnis entgegenbringen."

Dies ist mein Rat, den ich jedermann erteile, der nach Aufklärung über Spiritismus Verlangen trägt, und aus der Antwort, die er gibt, merke ich mit Leichtigkeit, inwieweit sein Verlangen ein ernstgemeintes oder nur von der Neugierde diktiertes ist.

Zweite Unterredung

Allan Kardec und der nach Aufklärung verlangende Gegner

Motto: *Das ist eben das wahre Geheimnis, das allen vor Augen liegt, Euch ewig umgibt, aber von keinem gesehen.* Schiller

Gegner: Ich begreife recht wohl den Nutzen, den ein vorgängiges theoretisches Studium, dessen Sie neulich gedachten, haben kann. Was die persönliche Empfänglichkeit anlangt, so erkläre ich Ihnen, dass ich weder für noch gegen den Spiritismus bin, dass jedoch der Gegenstand an und für sich allerdings mein Interesse im hohen Grade erregt. Im Kreise meiner Bekannten finden sich Anhänger, aber auch Gegner. Ich habe in diesem Punkt vollständig widersprechende Argumente gehört; ich habe mir daher vorgenommen, Ihnen einige Einwürfe vorzulegen, die in meiner Gegenwart gemacht worden sind und die mir eine gewisse Berechtigung zu haben scheinen; was meine Person anbetrifft, so gestehe ich meine Ignoranz offen ein.

Allan Kardec: Ich mache mir ein Vergnügen daraus, auf die Fragen, die man an mich richtet, zu antworten, sobald sie in Aufrichtigkeit und ohne Hintergedanken gestellt werden, ohne mir dabei zu schmeicheln, auf alle eine befriedigende Antwort in petto zu haben. Der Spiritismus ist eine noch im Entstehen begriffene Wissenschaft, in welcher es noch viel zu lernen gibt; es wäre also ein höchst anmaßendes Vorgeben meinerseits, wenn ich behauptete, alle Schwierigkeiten beheben zu können: ich kann nur sagen was ich weiß.

Der Spiritismus berührt sich mit allen Zweigen der Philosophie: der Metaphysik, der Psychologie, der Moral; er ist ein unermessliches Feld, das sich nicht in einigen Stunden durchlaufen lässt. Nun werden Sie begreifen, dass es mir faktisch unmöglich sein würde, einem jeden mündlich das zu wiederholen, was ich über diesen Gegenstand zum allgemeinen Gebrauch geschrieben habe. Bei vorgängiger ernster Lektüre wird sich übrigens ganz von selbst die Antwort auf die meisten Fragen ergeben, die einem jeden hierbei natürlich einfallen müssen; eine solche Lektüre bietet den doppelten Vorteil, unnütze Wiederholungen zu vermeiden und ein Prüfstein für den Ernst des Wunsches nach Belehrung zu sein. Verbleiben nach alledem noch Zweifel oder dunkle Punkte, so gestaltet sich die Erklärung einfacher, weil man nunmehr einen Stützpunkt hat und nicht unter Zeitverlust immer wieder auf die Elementarprinzipien zurückzukommen braucht. Wenn es Ihnen so recht ist, wollen wir uns sonach bis auf weiteres auf einige allgemeine Fragen beschränken.

G.: Gut! Rufen Sie mich zur Ordnung, wenn ich ausschreite. Meine erste Frage ist folgende: „Welche Notwendigkeit lag vor, die neuen Worte Spiritismus, spiritistisch und gar auch spiritisch zu schaffen zum Ersatz für die längst üblichen und im allgemeinen verständlichen Spiritualismus, spiritualistisch. Jemand aus meinem Bekanntenkreis bezeichnet diese Worte geradezu als Barbarismen.

A. K.: Das Wort Spiritualist hat seit langer Zeit einen ganz bestimmten und scharf abgegrenzten Sinn: es bezeichnet jemanden, dessen Lehre und Lebensanschauung dem Materialismus entgegengesetzt ist. Alle Religionen fußen demnach notwendig auf dem Spiritualismus. Jeder, welcher die Ansicht vertritt, dass es in uns, in unserem Wesen, noch etwas anderes außer der Materie gibt, ist Spiritualist, was noch nicht den Glauben an unsichtbare Intelligenzen (Geister) und ihre Kundgebungen, in sich begreift. Man müßte also, um die Vertreter der letzteren Anschauung von den ersteren zu unterscheiden, eine Umschreibung anwenden und etwa sagen: „Ein Spiritualist, der an Geister glaubt" und „der nicht an Geister glaubt". Zur Bezeichnung neuer Erscheinungen braucht man neue Wörter, um Zweideutigkeiten zu vermeiden. Hätte ich der von mir redigierten Zeitschrift die Bezeichnung einer spiritualistischen Revue gegeben, so hätte ich ihren Inhalt nicht im mindesten spezifiziert; denn ich brauchte dann nicht ein Wort von Geistern zu sagen, ja hätte sie sogar bekämpfen können, und wäre dabei meinem Titel immer noch treu geblieben. Bezüglich der Besprechung eines philosophischen Werkes las ich kürzlich in einem Journal einen Aufsatz, worin es hieß, der Verfasser hätte vom spiritualistischen Standpunkt aus geschrieben: nun, da wären die Anhänger der Geister nicht wenig enttäuscht worden, wenn sie im guten Glauben an diese Ankündigung darin nur die geringste Übereinstimmung mit ihren Ideen zu finden vermeinten. Wenn ich also die Worte Spiritismus, spiritistisch, spiritisch adoptiert habe, so geschah dies darum, weil sie ohne Zweideutigkeit auf die Ideen bezüglich einer Geisterwelt hindeuten. Jeder Spiritist ist notwendigerweise Spiritualist, aber keineswegs jeder Spiritualist auch Spiritist. Selbst angenommen, dass die Geister nur ein Phantasiegebilde wären, würde es sich trotzdem empfehlen, Spezialausdrücke für alles das zu haben, was sie angeht: denn sowohl für falsche als auch für wahre Ideen bedarf man der Worte.

Übrigens sind diese Wörter keineswegs barbarischer als die, welche auf dem Gebiet der Wissenschaft, der Kunst und der Industrie Tag für Tag emporwachsen, sicherlich nicht barbarischer als z.B. die, welche gar zur Bezeichnung der Anlagen geschaffen; Sekretivität, Amativität, Alimentivität, Affektionivität usw. Es gibt eben Leute, die aus Widerspruchsgeist alles bekritteln, was nicht aus ihrem eigenen Kopf entstammt und die sich durchaus das Ansehen von Oppositionsmännern geben wollen. Wer sich mit solchen jämmerlichen Tüfteleien beschäftigt, beweist damit ganz direkt die Kleinheit seines Geistes. Sich an derartige Bagatellen zu klammern zeigt, dass man mit wirklichen Vernunftgründen nur kärglich ausgestattet ist.

Spiritualismus und Spiritualist werden allerdings in England und in den vereinigten Staaten in dem Sinne von Spiritismus und Spiritist angewendet. Anfänglich bediente man sich ihrer auch in Frankreich; aber sobald die Wörter Spiritismus und Spiritist (spirite) aufkamen, begriff man allgemein das Praktische derselben, und das Publikum nahm sie ohne weiteres auf. Heutzutage ist ihr Gebrauch in Frankreich, Deutschland usw. so eingebürgert, dass selbst die Gegner, sogar die, welche am meisten über diese „Barbarismen" Zeter geschrieen, keine anderen anwenden. Die Predigten katholischer Geistlicher und die bischöfliches Erlasse, die gegen den Spiritismus und die Spiritisten Bannstrahlen geschleudert, hätten nicht den Spiritualismus und die Spiritualisten mit dem Kirchenbann belegen können, ohne eine heillose Verwirrung in den Köpfen anzurichten.

Barbarisch oder nicht - angenommen vom Sprachgebrauch sind unzweifelhaft diese Wörter in allen europäischen Sprachen: sie sind die einzigen, deren man sich in allen Ländern in den Publikationen für oder gegen bedient. Um die speziellen Phänomene dieser neuen Wissenschaft zu bezeichnen, brauchte man Spezialausdrücke. Der Spiritismus hat künftig seinen besonderen Wortschatz von termini technici, wie ihn alle Wissenschaften haben.

Die Wörter Spiritualismus und Spiritualist werden zur Bezeichnung der Kundgebungen der Geister heutigen Tages nur noch von den Anhängern der so genannten „amerikanischen Schule" gebraucht.

G.: Sie sagen „amerikanische Schule"? Also auch im Glaubensbekenntnis dieser jungen Wissenschaft gibt es Differenzen? Das scheint mir gleichlautend mit einer Verurteilung. Beruhte diese Wissenschaft auf positiven Tatsachen, nun, so müßte sie doch wohl in Amerika und Europa dieselbe sein.

A. K.: Hierauf entgegne ich zunächst, dass dieses Auseinander gehen mehr die Form als das Wesen betrifft; in Wahrheit liegt die ganze Differenz nur in der Art und Weise, wie man einige Punkte der Lehre ansieht, dagegen ist von einer radikalen Gegnerschaft in den Grundlehren, wie unsere Gegner ausposaunen, ohne die Frage studiert zu haben, gar nicht die Rede.

Aber zweitens frage ich Sie: „Wo ist die Wissenschaft", die nicht bei ihrem ersten Auftreten gewisse Meinungsverschiedenheiten und Differenzen bewirkt hat, die bis zu einer endgültigen Klarstellung der Prinzipien unvermeidlich waren? Existieren derartige Meinungsverschiedenheiten nicht noch heutigen Tags in den bestkonstituierten Wissenschaften? Sind denn alle Gelehrten über alles einstimmiger Ansicht? Haben sie nicht ihre besonderen Systeme? Stellen denn die Sitzungen der Akademien und gelehrten Institute allzeit das Bild eines vollkommen herzlichen Einvernehmens dar? Ist nicht jede Entdeckung, die auf dem Gebiet irgendeiner Wissenschaft gemacht wird, der Anlass zu einer Spaltung, indem die einen dem Neuen mit offenen Armen entgegengehen, die anderen sich in scheuer Entfernung halten?

Und was nun den Spiritismus anlangt, ist es nicht ganz natürlich, dass beim Erscheinen der ersten Phänomene, als man die ihnen zugrunde liegenden Gesetze noch nicht kannte, jedermann sich sein System gemacht, seine eigenen Betrachtungen darüber angestellt hat? Was ist aus allen diesen vereinzelten anfänglichen Systemen geworden? Sie haben vor einer vollständigeren Beobachtung der Tatsachen fallen müssen. Einige Jahre haben hingereicht, um eine grandiose Einheit herbeizuführen, eine Einheit, die heutigen Tags das ganze Gebiet mächtig beherrscht und die erdrückende Majorität der Anhänger der neuen Lehre vereint, abgesehen von einigen Individualitäten, die hier wie überall sich an die allerersten Gedanken klammern und mit ihnen sterben. Wo ist sie Wissenschaft, wo die philosophische Lehre, das religiöse Bekenntnis, das ein ähnliches Beispiel böte? Hat der Spiritismus je den hundertsten Teil von Sonderungen und Scheidungen geboten, die mehrere Jahrhunderte lang die Kirche zerrissen haben und noch zerreißen?

Es ist wirklich merkwürdig, an welche Kindereien die Gegner des Spiritismus sich halten; sollte das nicht einen wirklichen Mangel an ernsthaften Gründen bedeuten? Hätten sie solche, würden sie sie unfehlbar zu Geltung bringen. Was setzen sie dem Spiritismus entgegen? Spott, Ableugnung, Verleumdung, alles, nur keine vernichtenden Argumente. Der Beweis aber, dass eine verwundbare Stelle an ihm nicht hat gefunden werden können, liegt darin, dass nichts seinen Siegeslauf aufgehalten und er nach dreißigjährigem Bestehen mehr Jünger zählt als irgendein System oder eine Lehre nach hundertjährigem Bestand je gehabt hat. Dies ist eine erfahrungsmäßig festgestellte Tatsache, die selbst die Widersacher anerkennen. Um ihn zu vernichten, genügte es nicht zu sagen: „Das ist nichts, das ist abgeschmackt"; es mußte kategorisch der Nachweis geliefert werden, dass die Phänomene nicht vorhanden sind, nicht vorhanden sein können. Und diesen Nachweis ist man schuldig geblieben.

G.: Hat man denn aber nicht bewiesen, dass die nämlichen Phänomene auch ohne Spiritismus produziert werden können? Daraus möchte man doch schließen, dass sie nicht den Ursprung haben, welchen die Spiritisten ihnen zuschreiben.

A. K.: Aus dem Umstand, dass man eine Sache nachahmen kann, folgt doch wohl nicht, dass die Sache nicht existiert? Was meinen Sie zu einer solchen Logik, wenn jemand behaupten wollte, dass, weil man Champagner aus Selterswasser macht, es keinen Champagner gebe und jeder Champagner nur Selterswasser wäre? Es ist dies eben das Privileg aller wirklich großes Aufsehen erregender Dinge, zu Fälschungen Anlass zu geben. Taschenspieler merkten, dass das Wort Spiritismus vermöge seiner Popularität und seines vielfachen Umstrittenseins sich für die Ausbeutung empfehle, und, um die Menge heranzulocken, haben sie mehr oder minder grob einige „mediale" Phänomene nachgeäfft, wie sie unlängst das somnambule Hellsehen nachgeäfft haben. Allgemeiner Beifall der Spötter! „Seht ihr's, das ist euer Spiritismus!" Als die sinnreiche Produktion der Geistererscheinungen auf der Bühne erschien, hieß es da nicht: „Das ist der Todesstoß für den Spiritismus?" Bevor die Herren ein so positives Urteil fällten, hätten sie doch in Erwägung ziehen müssen, dass die Versicherungen eines Taschenspielers doch kein Evangelium sind, hätten sie feststellen müssen, ob eine wirkliche Identität zwischen Nachahmung und dem nachgebildeten Gegenstand vorliegt. Es kauft doch niemand einen Brillanten, bevor er sich versichert, ob es nicht etwa Simili ist! Ein nur einigermaßen ernst genommenes Studium hätte sie überzeugen müssen, dass die spiritistischen Phänomene unter ganz anderen Bedingungen eintreten, und dabei hätten sie noch nebenbei erfahren, dass die Spiritisten sich ebensowenig damit befassen, Gespenster zu zitieren, als etwa aus der Hand zu wahrsagen.

Nur Böswilligkeit und eine ganz ausgeprägte Gewissenlosigkeit haben den Spiritismus mit der Magie und dem Zauberwesen in Verbindung bringen können, dessen Endziel, Praktiken, Formeln und mystische Worte er entschieden abweist. Ja es fehlt sogar nicht an solchen, die ohne Scheu die spiritistischen Vereinigungen mit den Hexensabbaten verglichen haben, wo man auf die verhängnisvolle Stunde der Mitternacht warte, um Phantome erscheinen zu lassen.

Ein mir befreundeter Spiritist saß eines Tages im Theater bei einer Aufführung des MacBeth neben einem Journalisten, den er nicht kannte. Als die berühmte Hexenszene kam, hörte er, wie sein Nachbar zu dem neben ihm Sitzenden sagte: „Halt! Jetzt geht eine Spiritistensitzung los; ich brauche das gerade für meinen nächsten Artikel; jetzt werde ich erfahren, wie es da zugeht. Wenn einer dieser Narren hier im Theater wäre, würde ich ihn fragen, ob er sich in diesem Gemälde wiedererkennt.“ „Ich bin einer dieser Narren“, entgegnete ihm der Spiritist, „und kann Ihnen aufs Bündigste versichern, dass ich mich durchaus nicht wiedererkenne, denn obwohl ich schon mehr als hundert spiritistischen Vereinigungen beigewohnt habe, habe ich etwas derartiges nie bemerkt. Wenn Sie für Ihren Artikel die nötige Auskunft *hier* holen, so wird die Wahrheit nicht seine starke Seite sein.“

Viele Kritiken haben keine solidere Unterlage. Auf wen fällt das Lächerliche anders als auf die, welche so kopflos vorgehen? Was den Spiritismus anlangt, so hat sein Kredit, weit entfernt darunter zu leiden, nur zugenommen durch das Aufsehen, das alle diese Manöver natürlich haben machen müssen, indem sie die Aufmerksamkeit einer Menge Menschen fesselten, die davon noch kein Wort gehört: sie haben zur Prüfung Anlass gegeben, und weil man sehen mußte, dass es nicht ein schlechter Witz, sondern ein gar hochernstes Ding war, worum es sich handelte, die Zahl der Anhänger vermehrt.

G.: Ich gebe zu, dass sich unter der Verlästerern des Spiritismus Leute von der Sorte finden, wie Sie sie soeben geschildert haben; aber gibt es neben diesen nicht auch Männer von wahrhaftem Wert, deren Ansicht einigermaßen ins Gewicht fällt?

A. K.: Ich bestreite das keineswegs. Ich antworte darauf, dass auch der Spiritismus in seinen Reihen eine ansehnliche Reihe nicht minder bedeutender Männer zählt, ja, ich gehe soweit zu sagen, dass die erdrückende Mehrheit der Spiritisten aus intelligenten und studierten Leuten besteht; nur die ausgemachteste Gewissenlosigkeit kann behaupten, er rekrutiere sich aus alten „Waschweibern“ und Ignoranten.

Eine vernichtende Tatsache gibt übrigens auf diesen Einwurf Antwort, dass es nämlich keinem trotz seines Wissens und seiner offiziellen Stellung gelungen ist, den Spiritismus auf seinem Weg aufzuhalten; und doch gibt es keinen Feuilletonisten, und wäre es das kleinste Lichtchen, der sich nicht sehr geschmeichelt fühlte, ihm den Todesstoß zu versetzen, so dass alle ohne Ausnahme und ganz gegen ihren Willen dazu beigetragen haben, ihn populär zu machen. Eine Idee, die so vielen Anstrengungen widersteht, die, ohne zu straucheln, mitten durch den Hagel der gegen sie geschleuderten Geschosse vorwärts dringt, beweist doch wohl, sollte ich meinen, die Stärke und Tiefe ihrer Wurzeln. Verdient diese Erscheinung nicht die Aufmerksamkeit ernster Denker? Und so sagt sich denn in der Tat heutigen Tags mehr als einer, dass doch etwas daran sein müsse, dass es vielleicht eine jener unwiderstehlichen Bewegungen sei, die von Zeit zu Zeit die menschliche Gesellschaft in ihren innersten Tiefen erregen.

Von jeher ist es so mit allen neuen, nach Neugestaltung drängenden Ideen gewesen: sie begegnen notwendigerweise Hindernissen, weil sie gegen Interessen, Vorurteile und Missbräuche ankämpfen müssen, deren Bestand durch sie gefährdet wird; da sie jedoch den göttlichen Absichten entspringen, und das Gesetz des menschlichen Fortschritts erfüllen, so vermag nichts sie aufzuhalten, wenn die Stunde gekommen, zum Beweis dessen, dass sie der Ausdruck der Wahrheit sind.

Diese Ohnmacht der Gegner des Spiritismus beweist zunächst, wie gesagt, einen Mangel an stichhaltigen Gegengründen: denn die, welche Opposition machen, vermögen nicht zu überzeugen; aber es kommt hierzu noch ein anderer Grund, der alle gegnerischen Kombinationen vereitelt. Erstaunt beobachten die Widersacher sein Überhandnehmen, obwohl sie alles aufbieten, ihm Hindernisse in den Weg zu legen; keiner findet die Ursache hiervon, weil sie dieselbe da suchen, wo sie nicht ist. Die einen sehen sie „in der Übermacht des Teufels", andere wieder in der Zunahme menschlicher Narrheit. Der Irrtum aller liegt darin, dass sie glauben, es gebe eine einheitliche Quelle des Spiritismus und dass er auf dem Rufe eines einzelnen Menschen beruhe: daher der Wahnglaube, dass sie durch Vernichtung des Rufes dieses Menschen auch den Spiritismus vernichten können: sie suchen diese Ursache auf Erden, während sie im unendlichen Raum liegt; sie ist nicht an einem Punkt, nein, sie ist überall, weil die Geister sich überall kundgeben: in allen Ländern, im Palast wie in der Hütte. Die wahre Ursache liegt also im Wesen des Spiritismus selbst, der nicht von einem einzigen den Impuls empfängt, sondern der jedermann gestattet, Geistermitteilungen direkt zu erhalten und sich auf diesem Weg von der Realität der Tatsachen zu überzeugen. Wie soll man es anstellen, um Millionen von Individuen zu überzeugen, es sei dies alles Gaukelwesen, Schwindel, Taschenspielerei, Geschicklichkeit, wenn sie selbst diese Resultate ohne Mitwirkung eines anderen erhalten? Wird man sie wirklich davon überzeugen, dass sie ihre eigenen Helfershelfer sind und dass sie allein zu ihrem eigenen Ergötzen Scharlatanerie und Taschenspielerei betreiben?

Diese Universalität in den Kundgebungen der Geister, die an allen Punkten des Erdballs den Widersachern und Neidern ein entschiedenes Dementi geben und die Grundlehren des Spiritismus bestätigen, ist eine Kraft, unbegreiflich für alle, welche von dem Gesetz der Elektrizität nichts wissen. An dieser Kraft müssen natürlich alle Ableugnungen zerschellen: es ist dies gerade so, als ob man Leuten, denen die Sonne ins Gesicht scheint, die Existenz der Sonne abstreiten wollte.

Sehen wir also zunächst von den Eigenschaften der Lehre selbst ab, die schon um ihrer selbst willen so viele Liebhaber und Freunde findet, so liegt in dem soeben Besprochenen die erste und wesentliche Ursache all der Misserfolge bei den Versuchen ihren Lauf aufhalten zu wollen; um Erfolg zu haben, müßte man ein Mittel finden, die Geister an den Kundgebungen zu hindern. Dies können sie nicht. Und darum kümmern sich die Spiritisten so wenig um derartige Manöver: haben sie doch das Experiment und die Autorität der Tatsachen für sich.

G.: Der Spiritismus hat offenbar die Tendenz, all jene Glaubensansichten wiederzuerwecken, welche eine Welt des Wunderbaren und Übernatürlichen zur Voraussetzung haben: nun scheint mir aber ein solches Unterfangen in unserem positiven Jahrhundert gegen den Zeitgeist zu verstoßen: zielt es doch auf nichts Minderes ab, als dem Aberglauben eine Stätte zu bereiten, nachdem die gesunde Vernunft ihn gerichtet.

A. K.: Abergläubisch kann man eine Idee nur nennen, weil und insofern sie falsch ist; sie verliert dieses Prädikat mit dem Augenblick, wo es sich herausstellt, dass sie wahr ist. Die Frage, um die es sich dreht, ist also: Gibt es Geisterkundgebungen oder nicht? Nun können Sie doch eine Sache nicht als abergläubisch bezeichnen, solange Sie den Beweis dafür schuldig bleiben, dass sie nicht existiert. Sie sagen: „Meine Vernunft sträubt sich dagegen"; aber alle, die daran glauben und die doch auch nicht auf den Kopf gefallen sind, rufen ebenso ihre Vernunft an, außerdem aber haben letztgenannte noch Tatsachen für sich. Welche Vernunft soll den Sieg davontragen? Der große Richter ist hier die Zukunft, wie sie es überhaupt in allen wissenschaftlichen und industriellen Fragen gewesen ist, die man bei ihrem Entstehen als Absurditäten und Unmöglichkeiten bezeichnete. Sie, lieber Herr, fällen a priori ein Urteil, wir erst, nachdem wir lange Zeit gesehen und beobachtet haben. Wir fügen hinzu, dass der aufgeklärte Spiritismus der modernen Zeit ganz im Gegenteil die Tendenz verfolgt, abergläubische Ideen zu zerstören, weil er zeigt, was in den volkstümlichen Anschauungen Wahres oder Falsches steckt, weil er aus ihnen scheidet, was Ignoranz und Vorurteil Abgeschmacktes beigemischt haben.

Doch ich gehe noch einen Schritt weiter und behaupte, dass es gerade der Materialismus unserer Zeit ist, welcher dem Spiritismus Bahn bricht, und dass dieser zum Teil gerade dieser Zeitrichtung, nicht aber, wie manche behaupten, einer Wiederkehr der Liebe zum Wunderbaren und Übernatürlichen seine reißend schnelle Verbreitung verdankt. Vor der Leuchte der Wissenschaft, der Philosophie, der Vernunft, schwindet das Wunderbare, wie die Götter des Heidentums dahinschwanden vor dem Licht des Christentums.

Übernatürlich nennen wir das, was außerhalb der Naturgesetze liegt. Der Materialismus erkennt nichts außerhalb dieser Gesetze an. Gut! Aber kennt er sie denn alle? Zu allen Zeiten hat man Phänomene, deren Ursache im Dunkeln lag, für übernatürliche gehalten. Jedes neue Gesetz, das die Wissenschaft entdeckt, rückt die Grenzen des Übernatürlichen weiter hinaus. Nun, der Spiritismus enthüllt ein neues Gesetz, nach welchem die Unterhaltung mit dem Geist eines Dahingeschiedenen etwas ebenso Natürliches ist, wie die Elektrizität eine Unterhaltung zwischen zwei Individuen ermöglicht, die hundert Meilen voneinander entfernt sind: dasselbe ist mit allen übrigen spiritistischen Phänomenen der Fall. Der Spiritismus als solcher weist jedwede Wunderwirkung, jede Wirkung, die außerhalb der Naturgesetze liegt, entschieden ab; er vollbringt weder Zeichen noch Wunder, sondern er erklärt nur Kraft eines Gesetzes gewisse Wirkungen, die man bis in die jüngste Zeit hinein für Wunder gehalten hat, wenn man sie überhaupt hat gelten lassen: auf diese Weise zeigt er ihre Möglichkeit auf. So erweitert er das Feld der Wissenschaft, insofern er selbst Wissenschaft ist; da aber die Entdeckung dieses neuen Gesetzes gewisse Folgen für die Ethik einschließt, so bildet der Codex dieser Folgen zugleich eine philosophische Lehre.

In letztgenannter Beziehung entspricht er den Wünschen und Hoffnungen des Menschen bezüglich seiner Zukunft; indem er aber die Theorie über diese Zukunft auf positive und rationelle Unterlage stützt, harmoniert er mit dem auf das Positive gerichteten Zeitgeist, wovon sich jedermann leicht überzeugen kann, der sich die Mühe macht, ihn zu studieren.

G.: Sie stützen sich, wie Sie sagen, auf Tatsachen. Allein da muss ich Ihnen doch die Ansichten der Gelehrten entgegenhalten, welche diese Tatsachen in Frage stellen. Warum haben denn diese Männer sich nicht des Tischrückens bemächtigt? Hätten sie darin etwas der Beachtung Wertes erblickt, so hätten sie doch wohl Bedenken tragen müssen, so außerordentliche Tatsachen außer acht zu lassen oder gar verächtlich abzuweisen. Sind die Gelehrten nicht die Leuchte der Nation, und ist es nicht ihre Pflicht, Licht zu verbreiten? Warum in aller Welt hätte es ihnen beikommen sollen, eine neue Kraft gleichsam zu unterschlagen, wo sie doch die schönste Gelegenheit hatten, eine solche der staunenden Mitwelt zu enthüllen?

A. K.: Ganz nett haben Sie da die Pflicht der Gelehrten gezeichnet; leider haben die Herren dieselbe bei mehr als einer Gelegenheit vergessen. Doch bevor ich auf ihre scharfsinnige Beobachtung antworte, muss ich einen schweren Irrtum aufdecken, dessen Sie sich schuldig machen, wenn Sie behaupten, alle Gelehrten seien gegen uns.

Ich habe bereits bemerkt, dass der Spiritismus namentlich in der aufgeklärten Gesellschaftsklasse Menschen bekehrt und zwar in allen Teilen der Welt; er zählt einen großen Anhang unter den Ärzten aller Nationen, nun sind aber Ärzte doch Männer der Wissenschaft; Behörden, Professoren, Künstler, Privatgelehrte, Offiziere, hohe Beamte und Würdenträger, Geistliche usw., die sich um das Banner des Spiritismus scharen, sind doch sämtlich Leute, denen man eine gewisse Dosis Aufklärung nicht absprechen kann. Wo steckt denn die Wissenschaft, wenn sie unter ihnen nicht zu finden sein soll?

Wenn der Spiritismus in der zünftigen Wissenschaft noch nicht unbestrittenes Bürgerrecht besitzt, ist denn dies ein Motiv, ihn zu verurteilen? Zumal sich nun auch die Stimmen aus den Kreisen der Universitätsprofessoren zugunsten des Spiritismus mehren. Wenn die Wissenschaft niemals irre gegangen wäre, so würde ihre Ansicht hier allerdings schwer in die Waagschale fallen; leider beweist die Erfahrung das Gegenteil. Hat sie nicht einen ganzen Haufen von Entdeckungen als Hirngespinste zurückgewiesen, die später den Namen ihrer Urheber verherrlicht haben? Hat nicht Frankreich aufgrund eines Berichts der höchsten wissenschaftlichen Körperschaft den Ruhm eingebüßt, bei Verwendung der Dampfkraft die Initiative ergriffen zu haben? Als Fulton im Lager von Boulogne sein System Napoleon dem Ersten vorlegte und dieser dem Institut eine unmittelbare Prüfung desselben empfahl, hat dieses da nicht die Erklärung abgegeben, es sei eine unpraktische Träumerei und nicht der Mühe wert, sich damit zu beschäftigen? Soll man daraus schließen, dass die Mitglieder der Akademie Ignoranten waren und rechtfertigt dies gewisse Bezeichnungen, mit denen seitdem die Mitglieder dieser Körperschaft nicht selten „beehrt“ worden sind? Gewiss nicht! Jeder vernünftige Mensch lässt ihrem eminenten Wissen volle Gerechtigkeit widerfahren, ohne dabei zu verkennen, dass sie natürlich nicht unfehlbar sind und ihr Urteil - namentlich, wo es sich um neue Entdeckungen handelt - nicht die letzte Instanz bildet.

G.: Natürlich sind sie nicht unfehlbar; allein ebenso wahr bleibt es doch, dass ihre Ansicht eben wegen ihres Wissens einige Bedeutung hat und dass es Ihrem System sehr zugute kommen würde, wenn die Männer der Wissenschaft auf Ihrer Seite ständen.

A. K.: Sie werden mir gewiss auch zugeben, dass jeder nur in den Dingen ein guter Richter ist, die zu seiner Kompetenz gehören. Wenn Sie ein Haus bauen wollen, nehmen Sie sich da einen Musikus? Wenn Sie krank sind, vertrauen Sie sich da der Pflege eines Architekten an? Wenn Sie einen Prozess haben, wenden Sie sich da zur Konsultation an einen Tanzlehrer? Wenn es sich um eine theologische Frage handelt, übertragen Sie ihre Lösung einem Chemiker oder Astronomen? Nein. Schuster bleib bei deinen Leisten! Die gewöhnlichen Wissenschaften beruhen auf Eigentümlichkeiten der Materie, und diese lässt sich beliebig bearbeiten; die Phänomene der Materie beruhen auf materiellen Kräften. Hingegen beruhen die Phänomene des Spiritismus auf Intelligenzen, welche Unabhängigkeit und freien Willen besitzen und sich um unsere Launen nicht kümmern; so entziehen sie sich dem Laboratorium und der Berechnung und damit gehören sie nicht mehr in den Bereich der eigentlichen Wissenschaft.

Die Wissenschaft ist also irre gegangen, als sie die Geister wie eine Voltasche Säule behandeln wollte; sie litt Schiffbruch und mußte Schiffbruch leiden, weil sie von einer gar nicht vorhandenen Analogie ausging; dann sprach sie sich, ohne weitere Schritte zu tun, in verneinendem Sinn aus: ein leichtfertiges Urteil, welches die Zeit alle Tage reformiert, wie sie schon viele andere Leichtfertigkeiten reformiert hat. Die Urheber solcher Urteile werden einst beschämt gestehen, dass sie sich allzu voreilig gegen die Vorsehung aufgelehnt haben.

Niemals sollen und werden gelehrte Körperschaften in dieser Frage kompetent sein; sie gehört ebenso wenig vor ihr Forum, wie z.B. die Frage, ob es einen Gott gibt; es ist also ein schwerer Irrtum, in derartigen Fragen an sie als an eine höhere Instanz zu appellieren. Der Spiritismus ist eine Frage persönlicher Überzeugung, die von der Abstimmung einer Versammlung unmöglich abhängen kann; denn selbst wenn diese Abstimmung günstig ausfiele, kann sie Überzeugung nimmermehr erzwingen. Wenn sich in dieser Hinsicht einmal die öffentliche Meinung gebildet haben wird, dann werden alle, auch die „Gelehrten", die Macht der Tatsachen anerkennen. Lassen Sie nur noch ein Menschenalter und mit ihm die Vorurteile einer verrannten Eigenliebe vergehen, und Sie werden sehen, dass es mit dem Spiritismus wie mit vielen anderen Wahrheiten sein wird, welche man früher bekämpft hat und die jetzt kein ernsthafter Mensch mehr in Zweifel zieht. Heute sind es die Gläubigen, die man Narren schilt, morgen kommen die an die Reihe, welche an die Drehung der Erde glaubten.

Doch haben die Gelehrten nicht alle in so abfälliger Weise geurteilt. Dabei verstehe ich unter Gelehrten Männer des Studiums und der Wissenschaft mit und ohne offiziellen Titel. Viele haben folgender Erwägung Raum gegeben:

„Es gibt keine Wirkung ohne Ursache, und die gewöhnlichsten Wirkungen können zur Lösung großer Probleme führen. Hätte Newton den Fall des Apfels unbeachtet gelassen und hätte Galvani sein Dienstmädchen hart angefahren und als Verrückte und Visionärin behandelt, als sie ihm mitteilte, die Froschschenkel hüpften in der Schüssel, dann würden wir vielleicht heute noch nicht das wunderbare Gravitationsgesetz, heute noch nicht die mannigfaltigen Eigenschaften der galvanischen Säule kennen. Das Phänomen, welches man mit dem spaßigen Namen „Tischrücken“ bezeichnet, ist nicht lächerlicher als der Froschtanz und führt vielleicht wie dieser auf einige Geheimnisse der Natur, welche die menschlichen Verhältnisse umgestalten, sobald man einmal den Schlüssel zu ihnen hat.“

Weiter haben sie sich gesagt: „Da so viele Leute sich damit beschäftigen, da ernsthafte Männer daraus ein Studium machen, so muss etwas daran sein; eine Illusion, eine Manie, wenn man will, kann diesen Charakter der Allgemeinheit nicht an sich haben; sie kann einen bestimmten Kreis, eine geschlossene Gesellschaft verführen, aber doch nicht die Reise um die Welt machen. Hüten wir uns also , die Möglichkeit des uns bis jetzt Unbegreiflichen zu leugnen, um nicht früher oder später ein Dementi zu erhalten, das für unseren Scharfsinn kein sonderlich schmeichelhaftes Kompliment sein würde.“

G.: Ganz gut, das nenne ich weise und klug urteilen und ohne mich selbst zu den Gelehrten rechnen zu wollen, denke ich wie Sie. Aber beachten Sie doch, dass für Sie damit nicht das Geringste gewonnen ist. Diese Gelehrten zweifeln. Worauf soll man nun eigentlich den Glauben an die Existenz von Geistern und namentlich an die Möglichkeit, mit ihnen zu verkehren, gründen?

A. K.: Dieser Glaube findet seine Stütze in vernünftiger Überlegung und in Tatsachen. Auch ich habe ihn erst nach reiflicher Überlegung adoptiert. Nachdem ich im Studium der exakten Wissenschaften mich an das Positive und Handgreifliche gewöhnt, habe ich dieses neue Wissen bis in seine verborgensten Falten hinein sondiert und durchforscht mit dem festen und besten Willen, mir von allem Rechenschaft zu geben. Denn ich nehme keine Idee an, ohne ihr Wie und Warum zu wissen. Ich lasse hier den Gedankengang eines gelehrten Arztes folgen, welcher früher von der Sache nichts wissen wollte, jetzt aber ein feuereifriger Anhänger ist.

„Man sagt, unsichtbare Wesen teilten sich mit. Und warum nicht? Mutmaßte man denn vor der Erfindung des Mikroskops die Existenz ganzer Milliarden von Infusorien und mikroskopischer Tierchen, die im Organismus so viel Verheerung anrichten? Wo steckt die materielle Unmöglichkeit, dass es im Raum Wesen geben solle, die sich unserer sinnlichen Wahrnehmung für gewöhnlich entziehen? Wir können doch unmöglich den lächerlichen Anspruch erheben, alles zu wissen und zu Gott zu sagen, dass er uns nichts mehr lehren könne? Wenn die uns umgebenden, unsichtbaren Wesen intelligente sind, warum sollten sie sich uns dann nicht mitteilen? Haben sie Beziehungen zu den Menschen, so müssen sie in den Schicksalen und Ereignissen dieser Welt eine bestimmte Rolle spielen. Wer weiß? Vielleicht entdecken wir hierin eine neue Naturkraft, eine jener verborgenen Kräfte, die wir nicht ahnten. Welch neuer

Horizont eröffnet sich damit menschlichem Denken? Welch weites Feld für Beobachtung? Die Entdeckung einer unsichtbaren Welt wäre noch etwas ganz anderes, als die Entdeckung der mikroskopischen Welt. Es wäre dies mehr als eine Entdeckung, es wäre dies eine Umwälzung in den Ideen. Welche Fülle des Lichts kann sich hieraus ergießen, welche Klarheit über das, wo wir bisher im Dunkel wandelten! Die, welche daran glauben, hält man zum Besten: was beweist das aber? Ist es nicht mit allen großen Entdeckungen so gewesen? Ist nicht Christoph Columbus abgewiesen, mit Hohn überschüttet und als Wahnsinniger behandelt worden? Die Ideen sind, sagt man, so fremdartig, dass man an sie nicht glauben kann. Wenn aber einer vor fünfzig Jahren gesagt hätte, dass man in einigen Minuten von einem Ende der Welt zum anderen korrespondieren, in einigen Stunden Frankreich durcheilen, dass mittels des Dampfes von siedendem Wasser ein Schiff gegen den Wind fahren könne, wenn einer vorgeschlagen hätte, ganz Paris in einem Moment aus einem einzigen Reservoir, gefüllt mit einer unsichtbaren Substanz, zu erleuchten, wie es heute geschieht, dem hätte man ins Gesicht gelacht, den hätte man vielleicht ins Irrenhaus geschickt. Ist es denn etwas Wunderbareres, dass der Raum mit denkenden Wesen erfüllt sein soll, die, nachdem sie auf Erden gelebt, ihre materielle Hülle verlassen haben? Findet man nicht in dieser Tatsache die Erklärung einer Menge von Glaubenssatzungen, die bis in das graue Altertum zurückreichen? Es möchte doch der Mühe Wert sein, derartigen Dingen gründlicher nachzugehen."

Das sind so die Reflexionen eines Gelehrten, freilich eines anspruchslosen Gelehrten; eine Menge aufgeklärter Männer denkt ebenso; sie haben geprüft, nicht oberflächlich und mit voreingenommenem Blick, sondern ernsthaft und unparteiisch. Sie waren bescheiden genug, nicht zu sagen: „Ich begreife es nicht, folglich ist es nicht." Sie haben sich ihre Überzeugung aufgrund von Beobachtung und Überlegung gegründet. Wären diese Ideen Trugbilder gewesen, glauben Sie, alle diese besonnenen Männer hätten sie zu den ihrigen gemacht? Glauben Sie, dass sie sich lange von einer Illusion täuschen lassen hätten?

Materiell unmöglich ist es also nicht, dass es Wesen gibt, die für uns unsichtbar sind und den Raum bevölkern; und die bloße Erwägung müßte eigentlich schon zu größerer Vorsicht auffordern. Wer hätte noch vor kurzer Zeit gedacht, dass ein Wassertropfen Tausende und Abertausende von Wesen enthielte, so klein, dass unsere Einbildung sie kaum zu fassen vermag. Da möchte man doch sagen, dass es für die Vernunft noch schwieriger war, derartige Wesen anzunehmen, die mit Organen und Funktionen wie wir begabt sind, als die Existenz solcher zuzugeben, die man mit dem Ausdruck „Geister" bezeichnet.

G.: Gewiss, doch daraus, dass eine Sache möglich ist, folgt noch nicht, dass sie wirklich ist.

A. K.: Einverstanden! Aber Sie müssen doch zugeben, dass von dem Augenblick an, wo sie nicht mehr unmöglich erscheint, schon etwas für sie gewonnen, der erste Stich im Spiel gemacht ist: von nun an hat sie nichts mehr der Vernunft Widersprechendes. Es bleibt nun nur noch übrig, sie durch Beobachtung der Tatsachen zu konstatieren. Diese Beobachtung ist nicht neu: die Geschichte, die heilige wie profane, beweist Alter und allgemeine Verbreitung diese Glaubens, der sich durch allen Wandel und Wechsel hindurch fortgepflanzt und sich schon bei den wildesten Völkern findet als angeborene und intuitive, mit dem Denken verwachsene Idee, gerade wie die Vorstellung von einem höchsten Wesen und einem zukünftigen Leben. Der Spiritismus ist also keine moderne Schöpfung, ganz im Gegenteil. Alles beweist, dass die Alten ihn ebenso gut kannten, vielleicht besser als wir; nur wurde er unter mysteriösen Vorsichtsmaßnahmen gelehrt, die ihn für das große Publikum, das man mit Fleiß in seiner Unwissenheit stecken ließ, unzugänglich machten.

Was die Tatsachen selbst angeht, so unterscheidet man zwei Arten: spontane (von selbst entstehende) und hervorgerufene. Zu den ersteren gehören die Visionen und Erscheinungen, die sehr häufig sind; Geräusche, Lärm, Durcheinanderwerfen von Gegenständen ohne materielle Ursache und eine ganze Menge auffallender Wirkungen, die man als übernatürliche betrachtete, die uns aber heutzutage ganz erklärlich erscheinen, insofern wir etwas Übernatürliches überhaupt nicht anerkennen und sich für uns alles nach unwandelbaren Naturgesetzen vollzieht.

G.: Die Kritik richtet ihre Waffen namentlich gegen die „hervorgerufenen Phänomene". Lassen wir für jetzt einmal den Argwohn, als könnte Schwindel dahinter stecken, ganz beiseite, nehmen wir also an, dass alles mit rechten Dingen zugeht. Könnte man denn da nicht auf den Gedanken kommen, dass Sie selbst der Spielball einer Halluzination sind?

A. K.: Ich kann mich nicht erinnern, dass bis jetzt jemand wirklich klar dargelegt habe, wie es eigentlich bei der Halluzination zugeht. Was man so für gewöhnlich darunter versteht, ist doch eigentlich eine recht merkwürdige Tatsache, die ein eingehendes Studium recht wohl verdienen und rechtfertigen würde. Ist es nicht ein wunderliches Faktum, dass die, welche auf diesem Weg die spiritistischen Erscheinungen erklären zu können vermeinen, ihre eigene Erklärung nicht erklären können? Übrigens liegen Tatsachen vor, welche eine derartige Hypothese geradezu ausschließen. Wenn ein Tisch oder sonst ein Gegenstand sich bewegt, sich erhebt, klopft, wenn er in einem Zimmer, ohne dass ihn jemand berührt, herumspaziert, wenn er sich vom Boden losmacht und ohne Stützpunkt sich frei schwebend hält, wenn er beim Zurückfallen zerbricht, so ist das doch wohl keine Halluzination. Nehmen wir selbst an, das Medium glaube vermöge seiner Einbildungskraft etwas zu sehen, was gar nicht vorhanden, wie soll man es sich erklären, wenn eine ganze Gesellschaft von demselben Schwindel befallen wird und dies in aller Herren Länder vorkommt? Eine solche Halluzination wäre entschieden noch ungeheuerlicher, als die Tatsache selbst, die durch sie erklärt werden soll.

G.: Nehmen wir einmal das Tischrücken und Tischklopfen als unbestrittene Tatsache an. Entspricht es dann nicht weit mehr dem gesunden Menschenverstand, es der Aktion irgendwelches Fluids, z.B. des magnetischen Fluids zuzuschreiben?

A. K.: Dies war anfänglich die Allgemeine Ansicht, die auch ich geteilt habe. Hätten sich die Wirkungen auf materielle Wirkungen beschränkt, so wäre ja auch diese Erklärung eine ganz annehmbare gewesen. Aber als diese Bewegungen und Klopflaute Beweise von Intelligenz gaben, als man wahrnahm, dass sie mit voller Freiheit auf das Gedachte antworteten, gelangte man zu folgender Schlussfolgerung: Wenn jede Wirkung eine Ursache hat, so muss jede intelligente Wirkung eine intelligente Ursache haben. Ist also hier ein Fluid wirksam, so muss es unzweifelhaft ein intelligentes sein. Wenn Sie z.B. sehen, wie die Arme eines optischen Telegraphen Zeichen geben und damit einen Gedanken befördern, so wissen Sie recht wohl, dass nicht diese hölzernen oder eisernen Arme das intelligente Prinzip sind, sondern dass eine Intelligenz sie in Bewegung setzt. Ebenso ist es beim Tisch. Haben wir es also mit intelligenten Wirkungen zu tun? Das ist die Frage, um die sich alles dreht. In Abrede stellen es nur solche Personen, die nicht alles gesehen, dagegen rasch bei der Hand sind, wenn es gilt, nach ihren eigenen Gedanken und oberflächlichen Beobachtungen Schlüsse zu ziehen.

G.: Dem gegenüber wendet man ein: „Liegt wirklich eine intelligente Wirkung vor, so ist es weiter nichts, als die Intelligenz, sei es des Mediums, sei es des Fragenden oder der sonst Anwesenden.“ Denn, fügt man hinzu, die Antwort erfolgt stets aus und nach dem Gedanken irgendeines der Genannten.

A. K.: Auch dies ist ein Irrtum, ist die Folge mangelhafter Beobachtung. Hätten die Vertreter dieser Ansicht sich die Mühe nicht verdrießen lassen, die Erscheinung in allen ihren Erscheinungsformen zu studieren, so hätten sie bei Schritt und Tritt die vollständige Unabhängigkeit der sich kundgebenden Intelligenz konstatieren können. Wie möchte wohl diese Behauptung mit Antworten in Einklang zu bringen sein, die vollständig außerhalb des Fassungsvermögens und des Bildungsgrades des Mediums liegen, ja die sogar seinen Ideen, Wünschen, Meinungen widersprechen oder alles Voraussehen der Anwesenden über den Haufen werfen? Was soll man von jenen Medien sagen, die in einer Sprache schreiben, die ihnen vollständig unbekannt ist, oder die in der Muttersprache schreiben, wenn sie weder schreiben noch lesen können. Ich gebe zu, dass auf den ersten Blick diese Ansicht nicht so unrecht zu sein scheint, aber es treten ihr so zahlreiche und so zwingende Tatsachen entgegen, dass ein Zweifel an ihrer Unrichtigkeit nicht entstehen kann.

Wollte man übrigens diese Theorie auch als möglich anerkennen, so würde das Phänomen, weit entfernt davon, sich dadurch zu vereinfachen, nur noch wundersamer werden. Wie? Der Gedanke soll sich auf der Oberfläche reflektieren, wie Licht, Klang, Wärme? Nun wahrhaftig, an diesem Problem könnte die Wissenschaft ihren Scharfsinn erproben. Aber es kommt noch wundersamer! Von den zwanzig Personen, welche die Vereinigung bilden, soll gerade der Gedanke von der und der Person, aber von keiner anderen reflektiert werden! Solche Theorie ist im Ernst nicht aufrecht zu erhalten. Es ist wirklich urkomisch, wenn man sieht, was die Gegner für Kapriolen machen, um Ursachen aufzudecken, die noch hundertmal seltsamer und weit schwerer zu begreifen sind, als die von uns angegebenen.

G.: Könnte man nicht etwa annehmen, dass das Medium in einer Art von schlafwachem Zustand ist und dabei der Gabe des Hellsehens in einer Weise teilhaftig wird, dass es zu einer somnambulen Perzeption gelangt, einer Art von zweitem Gesicht, das die augenblickliche Erweiterung der intellektuellen Fähigkeiten erklären könnte; denn, behauptet man, die durch Medien erhaltenen Mitteilungen sind nicht auffallender als die Mitteilungen somnambuler Personen.

A. K.: Auch diese Theorie zeigt sich vor eingehender Prüfung nicht stichhaltig. Das Medium ist weder im Halbschlaf, noch im wirklichen Schlaf: es ist vollständig wach, handelt und denkt wie jedermann, ohne das mindeste Auffallende an sich zu haben. Allerdings können einige besondere Wirkungen zu diesem Missverständnis Anlass gegeben haben. Wer sich jedoch nicht darauf beschränkt, die Dinge nur von einer Seite anzusehen, wird ohne Mühe erkennen, dass das Medium mit einer besonderen Befähigung begabt ist, die es vom somnambulen Menschen grundlegend unterscheidet, und die vollkommene Unabhängigkeit seines Denkens wird durch die einleuchtendsten, augenfälligsten Tatsachen bezeugt. Abgesehen von den schriftlichen Kundgebungen, wo ist der somnambule Mensch, der aus einem leblosen Gegenstand gleichsam einen Gedanken, einen Geistesfunken herausspringen lässt? Wer hat auf diesem Weg sichtbare, ja selbst greif- und fühlbare Erscheinungen hervorgebracht? Wer einen schweren Körper in freier Schwebe ohne Stützpunkt gehalten? Sollten wir es wirklich mit einer somnambulen Wirkung zu tun haben, wenn ein Medium eines Tages in meiner Wohnung in Gegenwart von zwanzig Zeugen das Portrait eines jungen Mannes zeichnet, der vor anderthalb Jahren verstorben und den es in seinem Leben nicht gesehen hatte? Das Portrait wurde von dem in der Sitzung anwesenden Vater wiedererkannt! Sollte es somnambule Wirkung sein, wenn ein Tisch auf vorgelegte Fragen exakt antwortet, selbst auf nur innerlich gedachte Fragen? Wahrhaftig, wollte man selbst zugeben, dass das Medium sich in einem so genannten magnetischen Zustand befände, so möchte man sich wohl schwerlich weiß machen lassen, der Tisch sei somnambul.

Weiter wird behauptet, die Medien drückten sich nur über bekannte Dinge klar aus. Der moderne Spiritismus führt Beispiele zu Hunderten und Tausenden an, wo die Medien Aufschlüsse geben, die für sie selbst, sowie für sämtliche Anwesende ganz neu und überraschend und keinesfalls dem Kreise ihrer Erfahrung entnommen waren. Es würde hier zu weit führen, wollte ich hier eine Serie solcher Tatsachen, deren Authentizität feststeht, vorführen. Ich muss sie für diesen Punkt auf das Studium spiritistischer Werke und Zeitschriften verweisen. Hat man in gewissen Fällen eine Art Konkordanz zwischen Antwort und Gedanken beobachtet, ist es dann logisch, aufgrund dessen dies als allgemeines Gesetz zu proklamieren? Hierbei wie bei allen anderen Dingen sind voreilige Urteile immer gefährlich, weil sie durch Tatsachen entkräftet werden können, die der Beobachtung des Leichtfertigen so leicht entgehen.

G.: Positive Tatsachen wollen die Ungläubigen sehen, positive Tatsachen verlangen sie, aber gerade diese sind meist nicht zu erlangen. Könnte jedermann Zeuge solcher Tatsachen sein, so wäre es mit dem Zweifel zu Ende. Wie kommt es nur, dass so viele trotz des guten Willens nichts zu sehen bekommen? Nun soll ihr Unglaube daran Schuld sein. Mit Recht haben sie hierauf folgende Antwort bereit: „Wir können doch unmöglich den Glauben vorweg haben; wollt ihr, dass wir glauben, so gebt uns die Mittel zum Glauben.“

A. K.: Die Sache erklärt sich ganz einfach. Solche Leute wollen die Tatsachen auf Kommando haben und dazu geben sich die Geister nicht her. Hier heißt es warten, bis es diesen gefällig ist. Es ist also damit nicht getan, dass man sagt: Zeige mir die und die Tatsache und ich werde glauben: nein, hier bedarf es der Beharrlichkeit und der Ausdauer. Man muss warten, bis sich die Tatsachen von selbst einstellen und darf nicht den Anspruch erheben, sie zu erzwingen oder ihnen eine bestimmte Direktion geben zu können. Das, was Sie wünschen, ist vielleicht gerade das, was Ihnen nicht zuteil wird; dafür aber finden sich andere Tatsachen ein, und die von Ihnen gewünschte kommt schließlich auch an die Reihe und zwar in einem Augenblick, wo Sie es am wenigsten erwarten. Vor den Augen des aufmerksamen und emsigen Beobachters häufen sich die hieraus ergebenden Wirkungen, sich stützend und sich ergänzend. Wer aber meint, man brauche nur eine Kurbel zu drehen, um die Maschine in Bewegung zu setzen, der ist in einer seltsamen Täuschung befangen. Wie macht es der Naturforscher, wenn er die Lebensgewohnheiten eines Tieres studieren will? Lässt er es auf Kommando die und die Bewegung machen, um es in aller Muße und nach Bequemlichkeit beobachten zu können? Nein, denn er weiß, dass es ihm nicht gehorchen wird: er passt die von selbst erfolgenden Regungen des Instinkts ab, wartet auf sie und erfasst sie im Moment des Eintritts. Dass dies in noch viel höherem Grade bei Geistern der Fall sein muss, will sagen bei denkenden und vernunftbegabten Wesen, die einer viel höheren Freiheit teilhaftig sind als Tier und Menschen, dies gibt doch die einfachste Überlegung an die Hand.

Wer da meint, Glaube sei notwendig, der ist im Irrtum, wohl aber ist Treu und Glauben nötig. Man soll es nicht so machen, wie jene Skeptiker, welche beim klarsten Augenschein leugnen und die das für ihr Verständnis Unfassbare einfach als nicht vorhanden in Abrede stellen. Wie viele gibt es, die, nachdem sie gesehen, immer noch leugnen, immer noch die Tatsachen nach ihrer Sichtweise erklären und den Gegenbeweis nicht erbracht finden? Solche Menschen bringen in spiritistische Vereinigungen nur Verwirrung, ohne selbst Nutzen zu haben. Aus diesem Grund hält man sie am besten fern, ohne mit ihnen die kostbare Zeit zu verlieren. Gibt es doch unter ihnen sogar solche, denen er recht sauer aufstoßen würde, sagen zu müssen: „Jetzt bin ich überzeugt", weil ihr liebes Ich unter dem Geständnis leiden würde, dass sie sich getäuscht haben. Was soll man Leuten antworten, die überall nur Einbildung und Schwindel sehen? Gar nichts! Man lasse sie ruhig gehen, man lasse sie sagen, solange es ihnen gefällt: „Wir haben nichts gesehen. Es ging nicht und wollte nicht gehen."

Abgesehen von diesen hartgesottenen Skeptikern gibt es Leute, die alles auf ihre Weise sehen wollen, die sich eine Ansicht gebildet haben und nun auch alles in Bezug zu dieser Ansicht zu bringen suchen. Ihrem Verständnis entgeht es, dass Phänomene sich nicht nach ihrem Belieben richten können; sie haben nicht die Fähigkeit oder den guten Willen, den nötigen Bedingungen gerecht zu werden. Wer gewissenhaft beobachten will, soll nicht etwa aufs Wort glauben, wohl aber jede vorgefasste Idee ablegen, soll nicht Dinge miteinander vergleichen, die miteinander unverträglich sind, soll mit unermüdlicher Geduld warten, folgen, beobachten. Derartige Anforderungen sind auch zugunsten des Eingeweihten: denn sie beweisen, dass er sich seine Überzeugung nicht in leichtfertiger Weise gebildet hat. Haben Sie solche Geduld? „Nein, sagen sie, ich habe nicht die Zeit." Gut, dann beschäftigen Sie sich nicht damit, aber sprechen Sie auch nicht darüber. Es zwingt Sie ja niemand.

G.: Indessen sollte man doch denken, dass den Geistern daran gelegen sein müßte, Propaganda zu machen. Warum ist ihnen denn nicht in höherem Maße daran gelegen, gewisse Personen zu überzeugen, die Kraft ihrer Autorität großen Einfluss ausüben?

A. K.: Augenscheinlich, weil sie für jetzt keinen Wert darauf legen, gewisse Personen zu überzeugen, deren Wichtigkeit im Urteil der Geister möglicherweise etwas tiefer als in ihrem eigenen steht. Es ist dies nicht gerade schmeichelhaft, ich gebe es zu, aber wir haben den Unsichtbaren nicht vorzuschreiben, was sie denken und glauben sollen; die Geister haben eine Art, die Dinge zu beurteilen, die nicht immer mit der unseren identisch ist. Ihr Sehen, Denken und Handeln beruht auf anderen Elementen, während unser geistiger-Ausblick durch die Materie beschränkt und durch den engen Kreis begrenzt ist, in dessen Mitte wir uns befinden. Sie umfassen das Ganze; für sie ist die Zeit, die uns so lang erscheint, nur ein Augenblick; die Ferne nur ein Schritt; einzelne Dinge, die uns ungemein wichtig vorkommen, sind in ihren Augen Kindereien, wogegen sie Dinge für wichtig erachten, deren Tragweite wir nicht zu erfassen vermögen. Um sie zu begreifen, müssen wir uns in unseren Gedanken über unseren materiellen und geistigen Horizont erheben, müssen wenigstens der Versuch machen, uns auf ihren Standpunkt zu stellen. Nicht ihre Sache ist es, zu uns herabzusteigen, wohl aber unsere Sache, uns zu ihnen zu erheben, und dazu verhelfen uns Studium und Beobachtung.

Die Geister befreunden sich gern mit emsigen und gewissenhaften Beobachtern; ihnen zu Liebe suchen sie nach immer neuen Quellen der Erleuchtung. Nicht der Zweifel, der aus der Unkenntnis hervorgeht, ist es, was sie entfernt, sondern es ist die Selbstgenügsamkeit jener angeblichen Beobachter, die nichts beobachten, dagegen das Verlangen hegen, die Geister sollen sich von ihnen ausfragen und wie Marionetten behandeln lassen; es ist namentlich das Gefühl der Feindseligkeit und Geringschätzung, welches solche Leute mitbringen, ein Gefühl, das, wenn sie es auch nicht gerade in Worte kleiden, in ihren Gedanken verborgen liegt. Für sie tun die Geister nichts und kümmern sich herzlich wenig um ihre Redereien und Gedanken: die Reihe wird schon an sie kommen. Und darum sage ich: „Nicht der Glaube, wohl aber Treu und Glauben ist nötig."

G.: Noch eins möchte ich gern wissen! Ich meine den Ausgangspunkt der modernen spiritistischen Ideen. Sind diese der Ausdruck einer freiwilligen Offenbarung der Geister oder das Ergebnis eines Glaubens, der vor der Entdeckung der Geister bereits vorhanden war? Sie begreifen die Wichtigkeit meiner Frage; denn im letzten Fall läge der Gedanke nahe, dass die Einbildung bei der Entdeckung nicht fremd gewesen.

A. K.: Die Frage ist von diesem Gesichtspunkt aus betrachtet, allerdings wichtig, wenn man sich auch schwerlich zu dem Zugeständnis bewegen lassen wird, dass die Einbildung die beobachteten materiellen Resultate zu Wege gebracht haben könne - vorausgesetzt, dass die Ideen einem schon vorhandenen Glauben ihr Entstehen verdanken. Wenn allerdings der Spiritismus auf der vorgefassten Idee von dem Vorhandensein der Geister begründet wäre, so könnte man mit einigem Schein von Recht an seiner Realität zweifeln; denn wenn die Ursache ein Hirngespinst ist, müssen die Folgen ebenfalls Hirngespinste sein.

Zunächst jedoch beachte man, dass der Gang der Ereignisse in diesem Fall völlig unlogisch wäre. Die Geister sind eine Ursache, keine Wirkung; sieht man eine Wirkung, so kann man nach ihrer Ursache suchen. Es ist aber naturwidrig, eine Ursache zu fingieren, noch ehe man Wirkungen gesehen hat. Man hätte daher gar nicht auf den Geisterglauben kommen können, wenn sich nicht Wirkungen eingestellt hätten, die ihre wahrscheinliche Erklärung in dem Vorhandensein unsichtbarer Wesen fanden. Aber auch so ist der eigentliche tatsächliche Vorgang nicht gewesen. Der Spiritismus ist keineswegs eine Hypothese, die man aufgestellt hat, um gewisse Erscheinungen zu erklären. Vielmehr war die erste Annahme, auf die man kam, die, es müsse eine ganz materielle Ursache zugrunde liegen. Weit entfernt also, dass die Geistertheorie eine vorgefasste Idee war, ist man von ganz materialistischem Gesichtspunkt ausgegangen. Da nun aber dieser Gesichtspunkt nicht ausreichte, alles zu erklären, so gelangte man endlich und unter Widerstreben auf dem Weg der Beobachtung zur Annahme einer spirituellen Ursache. Ich spreche von den modernen spiritistischen Ideen: denn der Glaube an das Vorhandensein einer geistigen Welt ist ebenso alt wie die materielle Welt. Der Lauf der dinge in unseren Tagen war folgender.

Es stellten sich ganz von selbst in auffallender Weise gewisse Wirkungen ein: merkwürdige Geräusche, Klopftöne, Bewegungen von Gegenständen usw. ohne ein bekannte, in die Augen fallende Ursache. Unter dem Einfluss bestimmter anwesender Personen wiederholten sich diese Erscheinungen.

Nichts von alledem berechtigte, die Ursache anderswo als in der Einwirkung eines magnetischen Fluidums zu suchen, oder sonst eines Fluids mit noch unbekannten Eigenschaften. Bald aber entdeckte man in diesen Geräuschen und Bewegungen den Charakter des Beabsichtigten und vernünftig Überlegten und zog, wie schon bemerkt, daraus den Schluss: „Wenn jede Wirkung eine Ursache hat, so muss jede intelligente Wirkung eine intelligente Ursache haben.. Diese Intelligenz konnte in dem Gegenstand selbst nicht stecken, denn die Materie ist nicht intelligent. War es ein Reflex von der Person oder den übrigen anwesenden Personen? Man dachte anfänglich so, wie ebenfalls schon erwähnt. Das Experiment allein konnte die Sache entscheiden, und in der Tat hat es auf unwiderlegbare Weise bei mannigfachen Gelegenheiten gezeigt, dass jene Intelligenz eine völlig unabhängige ist, d.h. dass sie völlig außerhalb des Gegenstandes und außerhalb der Personen liegt. Doch wer ist sie? Nun, sie selbst hat die Antwort gegeben; sie hat erklärt, sie gehöre zur Klasse der unkörperlichen Wesen, die man Geister nenne. Die Vorstellung von Geistern war also nicht vorher da; ja sie ist nicht einmal durch Schlussfolgerung gewonnen worden. Mit einem Wort: sie ist menschlichem Gehirn überhaupt nicht entsprungen, sondern von den Geistern selbst gegeben, und alles, was wir bisher hinsichtlich ihrer in Erfahrung gebracht, haben sie selbst uns mitgeteilt. Als nun einmal die Existenz der Geister offenbar geworden und die Verkehrsmittel hergestellt waren, konnten zusammenhängende Unterhaltungen stattfinden, konnte man Belehrung über die Natur dieser Wesen, die Bedingungen ihrer Existenz und ihre Rolle in der sichtbaren Welt erhalten.

Nehmen wir einmal an, es wäre vor der Entdeckung von Amerika ein Telegraphendraht mitten durch den Atlantischen Ozean hinübergegangen, und man hätte an seinem europäischen Ende intelligente Kundgebungen wahrgenommen, so wäre man zu dem Schluss gekommen, es müsse am anderen Ende intelligente Wesen geben, welche zu korrespondieren suchten. Man hätte sie fragen können, und sie hätten Antwort gegeben. Auf solche Weise hätte man Gewissheit von ihrer Existenz, Kenntnis von ihren Sitten, Gewohnheiten, ihrer Lebensweise erhalten, ohne sie jemals gesehen zu haben. Ganz so steht es mit den Beziehungen zur unsichtbaren Welt. Die materiellen Kundgebungen sind gleichsam Signale gewesen, Winke, die uns den Weg zu regelmäßigeren und zusammenhängenderen Mitteilungen gezeigt haben. Und, merkwürdig, je leichter die Kommunikationsmittel sich gestalten, die uns zur Verfügung gestellt werden, um so mehr geben die Geister die anfänglichen primitiven Mittel als ungenügend und unbequem auf, gerade so wie der Stumme, welcher die Sprache wiedererhält, der Zeichensprache entsagt.

Was sind es nun für Wesen, die Bewohner dieser neuen Welt? Sind es Wesen für sich, außerhalb der Menschheit? Sind sie gut oder böse? Auch hier hat das Experiment die Lösung der Fragen auf sich genommen. Allein bevor zahlreiche Beobachtungen Licht über diese Sache verbreitet hatten, war das Feld für Vermutungen und Theorien geöffnet: und Gott weiß, ob sie aufgetaucht sind und wie viele! Die einen hielten die Geister für Wesen, die uns in jeder Beziehung überlegen wären, andere erblickten in ihnen nur Teufel. Ein korrektes Urteil konnte man über sie nur aufgrund ihrer Worte und Handlungen fällen. Nehmen wir einmal an, unter den unbekannten transatlantischen Bewohnern, von denen wir soeben gesprochen, hätten die einen nur Gutes und Edles gesagt während andere sich durch Zynismus und die Gemeinheit ihrer Sprache bemerklich gemacht hätten. Da hätte man natürlich geschlossen: „Es gibt unter ihnen Gute und Schlechte." Ebenso war es bei den Geistern, und auf diese Art und Weise hat man unter ihnen alle Stufen der Güte und Schlechtigkeit, der Unwissenheit und der Gelehrsamkeit entdeckt. Als wir nun einmal hinsichtlich der Fehler und Eigenschaften, die sich bei ihnen vorfinden, orientiert waren, wurde es Sache unserer Klugheit, gut und schlecht, wahr und falsch in ihren Beziehungen zu uns wohl zu unterscheiden, gerade so wie wir es in Bezug auf die Menschen zu tun pflegen.

Die Beobachtung hat uns aber nicht allein über die sittlichen Eigenschaften der Geister, sondern auch über ihre Beschaffenheit und ihren physiologischen Zustand aufgeklärt. So erfuhr man von den Geistern selbst, dass sie einen sehr glücklich, die anderen sehr unglücklich sind; dass sie keine besondere Klasse anders gearteter Wesen bilden, sondern dass sie die Seelen derer sind, die auf Erden lebten, wo sie ihre körperliche Hülle zurückgelassen haben, dass sie den Weltraum erfüllen, uns umgeben, uns fortwährend umdrängen. An unbestreitbaren Zeichen haben viele ihre Eltern, Freunde und Bekannte wiedergefunden. Es war vergönnt, ihnen in alle Erscheinungsformen ihrer Existenz im Jenseits zu folgen von dem Augenblick an, wo sie ihren Körper verlassen; man konnte ihre Lage beobachten, wie dieselbe sich je nach der Art ihres Todes und ihrer Lebensweise hier auf Erden gestaltete. Endlich erfuhr man, dass es keineswegs abstrakte, absolut immaterielle Wesen sind. Sie haben eine Hülle, die wir mit dem Namen Perispirit bezeichnen, eine Art von fluidischem, dunstigem, durchscheinendem Körper, den wir im normalen Zustand nicht sehen, der aber unter gewissen Bedingungen, durch eine Art von Kondensationen oder molekularer Disposition für den Augenblick sichtbar und fühlbar werden kann, und damit fand auch das Phänomen der Geistererscheinungen und der fühlbaren Berührung seine ausreichende Erklärung. Diese Hülle ist schon während des körperlichen Lebens vorhanden: sie bildet das Band zwischen Geist und Materie. Beim körperlichen Tod befreit sich die Seele oder der Geist nur von der groben Hülle, behält aber die zweite, wie wir etwa ein Hemd ablegen, um nur das Unterhemd anzubehalten, oder wie der Keim einer Frucht sich von der rindigen Hülle frei macht und nur das Perisperma behält. Diese halbmaterielle Hülle des Geistes ist die wirkende Ursache der verschiedenen Phänomene, mittels derer er seine Gegenwart bekundet.

Dies ist in aller Kürze die Geschichte des Spiritismus. Wie Sie sehen und bei gründlichem Studium noch besser erkennen werden, ist alles Resultat der Beobachtung und keiner vorgefassten Theorie.

G.: Sie sprechen von „Verkehrsmitteln". Könnten Sie mir eine klare Vorstellung davon geben? Ich weiß wirklich nicht recht, wie diese unsichtbaren Wesen sich mit uns unterhalten sollen.

A. K.: Gern! Doch werde ich mich hierbei kurz fassen: ich müßte mich sonst auf lange Erörterungen einlassen, die Sie hauptsächlich im „Buch der Medien" finden werden. Doch wird schon das Wenige, was ich Ihnen mitteilen will, genügen, um wenigstens den Mechanismus Ihrem Verständnis näher zu bringen: namentlich werden Ihnen daraus einige Experimente begreiflicher werden, an denen Sie vielleicht gelegentlich einmal teilnehmen, ehe Sie noch vollständig in die Sache eingeweiht sind.

Das Vorhandensein jener halbmateriellen Hülle, des Perispirits, ist schon ein Schlüssel zu Vielerlei: es erklärt die Möglichkeit gewisser Erscheinungen.

Was aber die Verkehrsmittel angeht, so sind sie sehr verschiedenartig und hängen mit dem mehr oder minder geläuterten Zustand der Geister oder auch mit den besonderen Anlagen der ihnen als Vermittler (Medien) dienenden Personen zusammen. Das gewöhnlichste Mittel, man kann sagen: das Universalmittel, ist Inspiration, d.h. die Eingebung bestimmter Ideen und Gedanken; doch ist dieses Mittel in der Mehrzahl der Fälle zu wenig berechenbar und nachweisbar. Sehen wir uns nach materielleren und handgreiflicheren um.

Gewisse Geister geben sich durch Klopftöne kund: sie antworten mit ja (drei Klopflaute) und mit nein (ein Klopflaut) oder bezeichnen die Buchstaben, welche das Wort bilden sollen. Das Alphabet wird laut oder in Gedanken aufgesagt: bei dem betreffenden Buchstaben erfolgt der Klopflaut. Man erhält diese Töne auf verschiedene Weise, z.B. durch die Bewegung eines auf- und niedergehenden Gegenstandes, etwa eines Tisches, der mit einem Fuß auf den Erdboden aufstößt. Manchmal aber machen die Klopftöne sich in der Substanz des Körpers selbst bemerkbar, ohne dass dieser irgendeine Bewegung macht. Dieses primitive Verfahren ist langwierig und eignet sich wenig für umfänglichere Kundgebungen. An die Stelle desselben ist die Schrift getreten, die man ebenfalls auf verschiedenen Wegen erhält. Anfänglich bediente man sich, wie hin und wieder auch jetzt noch geschieht, eines beweglichen Gegenstandes (z.B. eines Brettchens, Körbchens, einer Schachtel), an welchem man einen Bleistift anbringt, dessen Spitze auf dem Papier ruht. Beschaffenheit und Stoff des Gegenstandes sind gleichgültig. Das Medium legt die Hände auf diesen Gegenstand und übermittelt ihm auf diese Weise die von der unsichtbaren Intelligenz ausgehende bewegende Kraft: der Bleistift zeichnet die Schriftzüge. Allein es ist klar, dass dieser Gegenstand streng genommen nur ein Anhängsel der Hand, eine Art Bleistifthalter bildet, und man hat denn auch das Unnütze einer solchen Vermittlung erkannt, die nur den Mechanismus komplizierter macht und sich höchstens vor ungläubigen Teilnehmern empfiehlt, um zu zeigen, dass das Medium beim Entstehen der Schrift unbeteiligt ist. Kurz, das Medium kann den Bleistift selbst in die Hand nehmen und schreiben.

Außerdem können die Geister noch ihre Gedanken durch artikulierte, sei es in der leeren Luft, sei es im Ohr tönende Klänge ausdrücken; ferner durch die Stimme des Mediums (bei der Erscheinung der Inkarnation), durch das Gesicht, durch Zeichnungen, Musik und eine Menge anderer Mittel, die man bei eingehenderem Studium kennenlernt. Für diese verschiedenen Kommunikationsmittel gibt es besondere Medien mit speziellen Fertigkeiten, welche in ihrer geistigen und körperlichen Organisation begründet sind. So haben wir *physikalische Medien* (d.h. zur Hervorbringung materieller Erscheinungen tauglich), als da sind Klopftöne, Bewegung von Körpern, Hebung von Gegenständen usw., *Hörmedien, Sehmedien, Sprechmedien, zeichnende Medien, musikalische Medien, Materialisationsmedien, Schreibmedien.* Letztgenannte Klasse ist die gewöhnlichste, zugleich auch diejenige, wo sich die Befähigung durch Übung am schnellsten entwickelt. Sie ist auch die wertvollste, weil durch sie die zusammenhängendsten und raschesten Mitteilungen erzielt werden.

Das Schreibmedium zeigt zahlreiche Variationen: zwei darunter stehen sich scharf gegenüber. Zum besseren Verständnis dieses Punktes muss man sich von der Art und Weise Rechenschaft geben, wie die Erscheinung ins Leben tritt. Manchmal wirkt die unsichtbare Intelligenz direkt auf die Hand des Mediums, indem sie ihr einen vom eigenen Willen völlig unabhängigen Anstoß gibt: das Medium weiß in diesem Fall vom Inhalt des Geschriebenen nichts. Es ist dies das *mechanische Schreibmedium.* Andere Male wirkt sie auf das Gehirn des Vermittlers; ihr Gedanke geht durch das Gehirn des Mediums hindurch und dieses hat dann, obwohl es unwillkürlich schreibt, ein mehr oder minder klares Bewusstsein von dem, was es durch Schrift erhält. Dies ist das *intuitive Medium*; seine Rolle ist genau die eines Dolmetschers, welcher einen Gedanken weitergibt, der zwar nicht der Seine ist, den er aber, um ihn an seine Adresse zu bringen, begreifen muss. Wenn auch in diesem Fall der Gedanke des Geistes und des Mediums in eins zusammenlaufen können, so lehrt doch die Erfahrung leicht, sie zu unterscheiden. Die Mitteilungen, die man durch diese beiden Arten von Medien erhält, sind gleich gut; in Gegenwart von Personen, die noch nicht überzeugt sind, eignet sich jedoch das mechanische Schreibmedium weit mehr. Übrigens beruht die wesentliche Eigenschaft eines Mediums in der Natur der Geister, die ihm assistieren (es kontrollieren, wie der Kunstausdruck ist), und in den Mitteilungen, die es erhält, weniger in den Mitteln der Ausführung.

G.: der Vorgang scheint mir überaus einfach. Da könnte ich wohl selbst einmal einen Versuch machen?

A. K.: Ohne Zweifel; ich behaupte sogar, dass, wenn Sie irgendwie mit medialer Befähigung ausgestattet sein sollten, dies das beste Mittel wäre, Sie zu überzeugen. Denn Ihre eigene Glaubwürdigkeit würden Sie doch wohl nicht verdächtigen. Nur fordere ich Sie nachdrücklichst auf, ja keinen Versuch zu wagen, ehe Sie sorgsame Studien gemacht haben. Die Mitteilungen aus dem Jenseits sind mit größeren Schwierigkeiten umgeben, als man gewöhnlich annimmt; sie sind nicht ganz frei von Reibereien, ja selbst von Gefahren, wenn die Experimentierenden nicht die erforderliche Erfahrung haben. Diese sind dann in derselben Lage, wie einer, der ohne die nötigen Kenntnisse in der Chemie chemische Manipulationen vornehmen wollte: sie laufen, wie dieser, Gefahr, sich die Finger zu verbrennen.

G.: Gibt es gewisse Zeichen, an denen man diese Befähigung erkennt?

A. K.: Bis zum heutigen Tag gibt es für Medialität überhaupt keine Diagnose; alle Zeichen, die man entdeckt zu haben glaubt, sind gänzlich wertlos; das einzige Mittel, um zu wissen, ob man damit begabt ist, heißt: versuchen! Übrigens sind die Medien sehr zahlreich, und es kommt selten vor, dass man - sofern man nicht selbst ein solches ist - nicht in seiner Familie oder seiner nächsten Umgebung eins findet. Geschlecht, Alter und Temperament spielen keine Rolle; man findet Medien unter Männern und Frauen, Kindern und Greisen, Gesunden und Kranken usw.

Verriete sich Medialität durch irgendwelches äußere Zeichen, so würde dies eine feste Dauer der Befähigung voraussetzen, während die Gabe tatsächlich beweglich und flüchtig ist. Ihre physische Ursache liegt in der leichteren oder schwierigeren Assimilation der perispiritualen Fluide des einverleibten Geistes (d.h. des Menschen) mit denen des körperlosen Geistes; ihre moralische Ursache liegt im Willen der Geister, die sich mitteilen, wann es ihnen gefällt und nicht nach unseren Wünschen. Daraus folgt:

1. Nicht alle Geister können sich durch alle Medien ohne Unterschied mitteilen.
2. Jedes Medium kann für immer oder auf Zeit seine Begabung verlieren und zwar gerade in dem Augenblick, wo es sich dessen am wenigsten bewusst ist.

Dies wenige mag genügen, um Ihnen zu zeigen, dass sich hier ein weites Studienfeld öffnet, wenn man sich von all den verschiedenen Phasen, in denen die Medialität uns entgegentritt, Rechenschaft geben will.

Irren würde man, wollte man glauben, jeder Geist könne jedem Anruf, der an ihn ergeht, entsprechen und sich durch das erste beste Medium mitteilen. Damit sich ein Geist manifestiert, ist, abgesehen von seiner Neigung, erforderlich,

1. dass seine Lage in der geistigen Welt oder seine dortige Beschäftigung es ihm gestatten;
2. dass er im Medium ein geeignetes, seiner Natur angemessenes Instrument findet;
3. Dass er das so gefundene Instrument auch gebrauchen lernt.

Prinzipiell kann man mit Geistern von allen Klassen verkehren, mit Angehörigen, Freunden, mit den höchsten, wie mit den auf niedrigster Stufe stehenden; aber abgesehen von den individuellen Vorbedingungen eines solchen Verkehrs, die ich Ihnen soeben angegeben, kommen jene Unsichtbaren je nach Umständen gern oder weniger gern, und zwar richtet sich dies nach dem Grad der Sympathie, die sie den rufenden Personen entgegenbringen, keineswegs aber kommen sie auf das Verlangen des ersten Besten, den etwa die Lust anwandelt, aus Neugierde mit ihnen zu verkehren. Wie sie sich zu Lebzeiten aufgrund eines solchen Verlangens nicht bemüht hätten, tun sie dies nach ihrem Eintritt in die einsichtige Welt erst recht nicht.

Ernsthafte Geister kommen auch nur in ernsthafte Vereinigungen, wo man sie mit innerer Sammlung und aus ernsten Beweggründen ruft; sie geben sich für keine Fragen aus reiner Neugier her, antworten auf keine fragen, durch welche man sie auf die Probe stellen will, noch auf solche, die zu frivolen Zwecken gestellt werden.

Leichtfertige geistige Intelligenzen gibt es überall; aber in ernsten Vereinigungen schweigen sie und halten sich abseits, um zuzuhören, wie es in einer gelehrten Versammlung Schüler machen würden. In Zusammenkünften dagegen, wo der Geist des Leichtsinns und der Frivolität herrscht, haben sie ihren Tummelplatz: da ergötzen sie sich, machen mit den Anwesenden oft ihre guten oder schlechten Späße und antworten auf alles mögliche, ohne es mit der Wahrheit besonders genau zu nehmen.

Die so genannten Klopfgeister und überhaupt alle die, welche physikalische Kundgebungen bieten, gehören einer niedrigen Klasse an, ohne deswegen moralisch tief zu stehen; sie haben gewissermaßen eine spezielle Befähigung für materielle Wirkungen; höhere Geister befassen sich mit solchen Dingen ebenso wenig, wie etwa unsere Gelehrten mit physischen Kraftproben. Wollen sie solche Dinge ausführen, so bedienen sie sich dieser Geister, wie wir uns für die gröberen Arbeiten der Tagelöhner bedienen.

G.: Manche Leute möchten, ehe sie ein langatmiges Studium beginnen, vorher die Gewissheit haben, dass sie ihre Zeit nicht bloß verlieren, sie möchten ein triftiges und beweisendes Faktum in die Hände bekommen und sind sogar bereit, dafür Geld auszugeben.

A. K.: Wenn sich einer nicht die Mühe eingehenderer Studien nimmt, so treibt ihn wohl nicht die wirkliche Neigung, seine Kenntnisse zu bereichern, sondern vielmehr bloße Neugierde. Nun aber lieben die Geister neugierige Menschen nicht - ich und viele andere Menschen lieben sie auch nicht. Übrigens ist Geldgier ihnen ganz besonders zuwider, und sie geben sich zu nichts her, was sie befriedigen kann; in einem gründlichen Irrwahn ist der befangen, welcher höheren Geistern, wie Luther, Leibnitz, Schiller, Goethe, zutraut, sie würden sich dem ersten besten zur bestimmten Zeit zur Verfügung stellen. Nein, lieber Herr, die Mitteilungen, die uns aus der geistigen Welt zugehen, sind doch ein zu ernstes Ding, beanspruchen eine allzu hohe Achtung, als dass sie sich zu öffentlichen Schaustellungen eigneten.

Übrigens laufen bekanntlich spiritistische Phänomene nicht wie die Räder eines Mechanismus, da sie von dem Willen der Geister abhängen. Mag immerhin die medialen Befähigung unzweifelhaft vorhanden sein, so ist der Eintritt der Erscheinungen darum nicht weniger zweifelhaft. Ungläubige sind sowieso geneigt, die Redlichkeit der Medien zu verdächtigen. Wie würde dies erst werden, wenn der Stimulus des Gelderwerbs noch hinzukäme? Ein solches Lohnmedium könnte man mit Fug und Recht verdächtigen, dass es beim Ausbleiben der Geisterkundgebungen nachhilft, und gewiss würde es an derartigen Verdächtigungen, wie auch an solchen Hilfen nicht fehlen. Abgesehen aber davon, dass absolute Uneigennützigkeit die beste Gewähr für die Echtheit der Erscheinungen ist, würde es auch mit der Pietät unvereinbar sein, unsere der Körperhülle entkleideten Lieben für Geld kommen zu lassen, selbst wenn sie einwilligen sollten, was mehr als zweifelhaft ist. Höchstwahrscheinlich würde man nur auf niedriger Stufe stehende Geister zur Kundgebung veranlassen, Geister, die in der Wahl der Mittel wenig Skrupel haben und darum keinerlei Vertrauen verdienen. Machen sich doch diese leider nur zu oft das böswillige Vergnügen, die Kombinationen und Rechnungen ihres Mediums über den Haufen zu werfen.

Das Wesen der Medialität ist also schon ein Hindernis für professionelle Ausübung derselben, weil sie von einem fremden Willen abhängt und das Medium im Stich lassen kann gerade in dem Augenblick, wo es seiner am meisten bedarf, wenn es nicht durch Geschicklichkeit nachhilft.

Nehmen wir jedoch einmal vollkommene Ehrlichkeit des Mediums an, so wäre es, da die Erscheinungen sich ja nicht willkürlich hervorrufen lassen, der reine Zufall, wenn in einer bezahlten Sitzung gerade das eintreten würde, was man gewünscht, um die persönliche Überzeugung zu erhalten. Und wenn Sie einem Medium hunderttausend Mark geben, Sie brächten es nicht fertig, dass er von den Geistern etwas anderes erhielte, als was diese bieten wollen. Ein solcher Köder, welcher die Reinheit des Wollens sehr fragwürdig machen und Erwerbssucht an ihre Stelle setzen würde, wäre ganz im Gegenteil wahrscheinlich der Anlass, dass von Seiten der Geister überhaupt nichts erfolgte. Ist man einmal von der Wahrheit durchdrungen, dass herzliche Zuneigung und Sympathie die mächtigsten Anziehungsmotive für die unsichtbaren Intelligenzen sind, so wird sich gleichzeitig das Verständnis dafür einfinden, dass Gelderwerb von ihnen nicht gefördert wird und nicht gefördert werden kann.

Wer also zu seiner persönlichen Überzeugung bestimmter Tatsachen bedarf, muss durch eine ersthafte und geduldige Beobachtung den Geistern seinen guten Willen zeigen, wenn er von dieser Seite Unterstützung finden will; er muss zeigen, dass sein Sinn nicht verschlossen sein will und sein Herz nicht tot ist, dann wird sich die Geisterwelt vor ihm öffnen. Wenn es wahr ist, dass Glaube nicht kommandiert werden kann, so ist es ebenso wahr, dass er nicht käuflich ist.

G.: Vom Standpunkt der Moral ist mir diese Bemerkung durchaus begreiflich; indessen verlangt doch wohl die Gerechtigkeit, dass der, welcher seine Zeit dem Interesse der Sache opfert, schadlos gehalten wird, falls er dadurch in seinem Lebensunterhalt Beeinträchtigung erfährt.

A. K.: Zuerst mag man erwägen, ob er wirklich im Interesse der Sache wirkt und nicht vielmehr im eigenen. Wenn er seinen Stand verlassen hat, so wird ihm dieser keine Befriedigung gewährt und er selbst die Hoffnung gehabt haben, in dem neuen Metier mehr oder dasselbe mit weniger Mühe zu verdienen. Das ist noch keine Aufopferung, wenn man seine Zeit hingibt, um daraus Nutzen zu ziehen. Mit demselben recht könnte man sagen: „Der Bäcker backt im Interesse der Menschheit Brot." Die wahrhaft ernsten und aufopferungsfähigen Medien suchen, wenn sie keine unabhängige Existenz haben, in der gewohnten Arbeit ihren Lebensunterhalt und treten aus ihrem Stand nicht aus; sie widmen ihrer medialen Befähigung nur so viel Zeit, wie sie ihr ohne Nachteil für ihren Beruf widmen können: wenn sie die Zeit von ihren Muße- und Ruhestunden wegnehmen, so ist dies dankenswerte Aufopferung, um deretwillen man ihnen nur noch höhere Achtung und Hochschätzung zollen darf. Übrigens macht die große Anzahl von Medien, die sich in den Familienkreisen finden, die Medien von Profession ganz überflüssig, selbst angenommen, dass diese alle wünschenswerten Garantien böten, was sehr selten ist. Ohne den Misskredit, welcher sich an eine derartige Form der Ausbeutung knüpft, einen Misskredit, zu dem ich selbst - ich rühme mich dessen ungescheut - durch meine Schriften hauptsächlich beigetragen habe, hätte es von solchen Lohnmedien an allen Ecken und Enden gewimmelt, hätten die Journale sich mit ihren Reklamen bedeckt; dann wären vielleicht auf einen ehrlichen Mann hundert Schwindler gekommen, die mit ihrer wirklichen oder simulierten Fähigkeit Missbrauch getrieben und auf solche Art den Spiritismus auf das Empfindlichste geschädigt hätten. So ist es ein Prinzip, dass alle, die im Spiritismus mehr als eine Schaustellung merkwürdiger Erscheinungen erblicken, die Würde, Achtung gebietende Stellung und die wahrhaftigen Interessen der Lehre begreifen und beherzigen, jedwede Art von Spekulationen abweisen, unter welcher Form die Verkleidung diese sich auch darstellen möge. Ernste und lautere Medien - ich verstehe darunter alle, welche die Heiligkeit des ihnen von Gott erteilten Auftrags begreifen - vermeiden selbst den Schein der Geldgier auf das Ängstlichste, und die Anklage, sie zögen irgendwelchen Nutzen aus ihrer Gabe, würden sie geradezu als schwere Beleidigung ansehen und empfinden.

Sie müssen mir bei all ihrer Hartgläubigkeit einräumen, dass unter diesen Bedingungen ein Medium auf Sie einen ganz anderen Eindruck machen würde, als wenn Sie Ihr Eintrittsgeld bezahlt hätten und der Vorstellung beiwohnten; Sie müssen einräumen, dass der erstere, durchdrungen von wahrhaft religiösem Gefühl und nur vom Glauben, nicht von Gewinnsucht getrieben, Ihnen ganz unwillkürlich Hochachtung abnötigt, selbst wenn er der niedrigste Mann aus dem Volk wäre, dass er Ihnen mehr Vertrauen einflößen wird, als einer, bei dem - ich lasse dahingestellt sein, ob mit Recht oder Unrecht - die Ehrenhaftigkeit verdächtigt werden kann. Nun denn, lieber Herr, solche Medien finden Sie zu Tausenden, und es ist dies eben eine der Ursachen, die so machtvoll zum Ansehen und zur Verbreitung der Lehre beigetragen haben, während, wenn sie nur eigennützige Interpreten gehabt hätte, sie sicher nicht den vierten Teil der Anhänger zählen würde, die sie jetzt tatsächlich gewonnen hat.

So wird es begreiflich, dass die Professionsmedien in Frankreich überaus selten sind, während sie in Deutschland mit verschwindenden Ausnahmen noch gar nicht aufgetreten sind und wohl auch nie Boden finden werden. Natürlich muss sich der Spiritismus auf das energischste dagegen verwahren, dass man Kartenleger, Punktierbuchschreiber, Kaffeesatzdeuter und wie die Vertreter solchen Blödsinns noch heißen mögen, zu den spiritistischen Medien rechnet, wie dies leider ebenfalls häufig genug geschieht. Es gibt eben Leute, die Missbrauch und tatsächliche Wahrheit mit wahrer Virtuosität durcheinanderwerfen, ja sogar Übelgesinnte, die den Spiritismus auf solche Abgeschmacktheiten zurückführen. Unter solchen Umständen haben die Vertreter des Spiritismus, wie alle aufgeklärten Menschen, allen Grund, solchen, die den im Publikum leider noch so grassierenden Aberglauben in der angedeuteten Weise ausnützen, mit allem ihnen zu Gebote stehendem Einfluss das Handwerk zu legen, und dazu ist der echte, aufgeklärte Spiritismus des neunzehnten Jahrhunderts selbst das beste Mittel.

G.: Logisch ist ja dies alles, ich gebe es zu, allein uneigennützige Medien stehen nicht so leicht zur Verfügung eines jeden und lassen sich wohl auch nicht vom ersten besten stören, während man bei einem bezahlten Medium sich deswegen keine Skrupel zu machen braucht, weil man weiß, dass es unsertwegen kein Opfer an Zeit bringt. Gäbe es öffentliche Medien, so wäre es damit solchen, die gern zur Überzeugung gelangen möchten, recht bequem gemacht.

A. K.: Allein wenn diese öffentlichen Medien, wie Sie sie nennen, nicht hinreichende Bürgschaft der Wahrhaftigkeit bieten, wie sollten sie dann zur gewünschten Überzeugung verhelfen? Der von Ihnen angedeutete Missstand beseitigt keineswegs die von mir entwickelten und, wie mich dünken will, hochbedenklichen Missstände. Man würde solche Medien aufsuchen, mehr zum Zeitvertreib oder aus irgendwelchem abergläubischen Grund, als zur wirklichen Belehrung. Wem es ernstlich darum geht, zur Überzeugung zu gelangen, der findet über kurz oder lang die Mittel, wenn er es nur an Ausdauer und gutem Willen nicht fehlen lässt. Freilich, wenn er nicht die gehörige Vorbereitung genossen, führt eine Sitzung noch nicht zur Überzeugung.

Nimmt er aus irgendwelchem nebensächlichen Grund einen ungünstigen Eindruck mit, so wird beim Gehen sein Glaube noch schwächer sein als beim Kommen, ja, es wird ihm ein weiteres Studium, das ihm nichts der Beachtung Wertes zu bieten scheint, vielleicht ganz verleidet werden. Die Erfahrung bestätigt dies.

Abgesehen von der moralischen Seite zeigen uns die Fortschritte, welche in jüngster Zeit das spiritistische Wissen gemacht hat, eine materielle Schwierigkeit, an die man anfänglich gar nicht dachte und die erst klar wurde, als man die Bedingungen besser kennenlernte, unter denen jene Kundgebungen der einsichtigen Welt erfolgen. Diese Schwierigkeit bezieht sich auf die fluidischen Verwandtschaften zwischen dem gerufenen Geist und dem Medium. Ich lasse also jeden Gedanken an etwaigen Betrug oder Täuschung beiseite und nehme vollkommene Redlichkeit an. Damit ein Professionsmedium den Leuten, die es befragen, volle Sicherheit biete, müßte es eine andauernde und allgemeine Begabung haben, d.h. es müßte sich mit Leichtigkeit mit jedem Geist und in jedem Augenblick in Verbindung setzen können, um ununterbrochen wie ein Arzt der Öffentlichkeit zu Verfügung zu stehen und allen Rufen zu genügen, die seitens der Besucher an ihn ergingen. Eine solche Begabung besitzt aber kein Medium, weder uneigennützige noch eigennützige, und zwar aus Gründen, die vom Willen der sich manifestierenden Intelligenz unabhängig sind, die ich Ihnen jedoch hier nicht näher entwickeln kann und mag, weil wir doch keinen Kursus in Spiritismus abhalten. Ich beschränke mich also bis auf die Andeutung, dass die fluidischen Verwandtschaften, auf denen jedwede mediale Befähigung beruht, individuelle und nicht generelle sind, dass sie zwischen einem Medium und dem Geist, aber nicht jedem beliebigen anderen bestehen können, dass ohne diese Verwandtschaften, deren Abstufungen sehr zahlreich sind, die Kundgebungen sich als unvollständig, falsch oder unmöglich erweisen, dass in der Regel die fluidische Angleichung zwischen Geist und Medium erst nach längerer Zeit hergestellt wird und es unter zehn Fällen einmal vorkommt, dass sie gleich das erste Mal vollständig vorhanden ist. So ist die Medialität, wie Sie sehen, gewissermaßen organischen Gesetzen untergeordnet, denen jedes Medium unterworfen ist, und man kann unter solchen Umständen doch nicht leugnen, dass dies für die Professionsmedien eine Klippe ist, insofern als Möglichkeit und Genauigkeit der Mitteilungen von Ursachen abhängen, die ganz außerhalb der Machtsphäre des Mediums und des Geistes liegen.

Wenn wir also die öffentliche Ausnutzung der Medialität von uns weisen, so geschieht dies weder aus Laune, noch aus grundsätzlicher Voreingenommenheit, sondern weil sich die Prinzipien, die unsere Beziehungen zur einsichtigen Welt bestimmen, der Regelmäßigkeit und der Präzision bei einer öffentlichen Praxis hindernd in den Weg stellen, und der Wunsch, eine geldzahlende Kundschaft zu befriedigen, jedem Missbrauch Tür und Tor öffnet. Ich schließe daraus durchaus nicht, dass alle auf Gelderwerb ausgehenden Medien Schwindler sind, sondern behaupte nur, dass die Lockung nach Gewinn zum Schwindel führen kann und dem Verdacht beabsichtigter Täuschung eine gewisse Berechtigung gibt. Wer zur Überzeugung gelangen will, muss vor allem bei seinen ersten Schritten nur Lauterkeit, Wahrheit und Klarheit sehen.

G.: Ich kann mir nicht helfen, aber es scheint mir doch, als ob der Spiritismus, insofern er sich mit verborgenen Mächten in Beziehung setzt oder zu setzen vorgibt, die Zauberei traurigen Andenkens wieder ins Leben ruft.

A. K.: Zu allen Zeiten hat es natürliche und unbewusste Medien gegeben, die schon darum, weil sie ungewöhnliche und unverstandene Erscheinungen hervorbrachten, für Zauberer angesehen und beschuldigt wurden, mit dem Teufel einen Pakt abgeschlossen zu haben. Ebenso erging es bekanntlich den meisten Gelehrten, welche Kenntnisse über das Durchschnittsmaß ihrer Zeit hinaus besaßen. Die herrschende Unwissenheit hat die Macht der ersteren übertrieben, und sie selbst haben aus der Leichtgläubigkeit ihrer Zeitgenossen oft Nutzen zu ziehen gesucht; die Missbilligung solches Treibens war daher vollständig gerechtfertigt; man nehme sich die Mühe, einmal die den Zauberern angedichtete Macht mit der Befähigung wahrhafter Medien zu vergleichen, um den großen Unterschied zu sehen. Doch die meisten Kritiker finden freilich eine solche Arbeit ihrer hohen Würde nicht angemessen. Der Spiritismus, weit entfernt, das Zauberwesen wieder aus seinem Todesschlummer aufzuwecken, hat es also für immer zerstört, indem er es seiner angeblichen übernatürlichen Macht, seiner Formeln, Zaubersprüche, Amulette, Talismane beraubt und indem er die möglichen Phänomene auf ihren wahren Wert zurückführt, ohne dabei auch nur im geringsten aus den Naturgesetzen herauszutreten.

Es liegt bei dem Vergleich des Spiritismus mit dem Zauberwesen ein Grundirrtum vor, nämlich der Glaube, die Geister wären den Befehlen der Medien untergeordnet; es widerstrebt der Vernunft, daran zu glauben, dass es von dem ersten besten anhängen könnte, nach Belieben zu einem bestimmten Zeitpunkt den Geist dieser oder jener mehr oder weniger berühmten Person zu zitieren, und in dieser Hinsicht haben die Gegner vollkommen Recht. Nur hätten sie, anstatt auf den Spiritismus den Stein zu werfen, sich die Mühe machen sollen, etwas genauer hinzusehen, dann wüssten sie, dass die Geister keineswegs von den Launen irgendeines Menschen abhängen, und niemand sie nach seinem Belieben und gegen ihren Willen zitieren kann. Daraus folgt, dass die Medien keine Zauberer sind.

G.: So wären demnach alle Wirkungen, welche gewisse Medien von Ruf öffentlich gewissermaßen auf Kommando erhalten, nach Ihrer Ansicht Gaukelei!

A. K.: Ich gehe soweit mit meiner Behauptung nicht. Unmöglich sind derartige Phänomene nicht, weil es auf niedriger Stufe stehende Geister gibt, die sich wohl zu solchen Sachen hergeben und die sich dabei belustigen: vielleicht waren sie schon zu Lebzeiten Gaukler und haben nun Medien entdeckt, mit deren Hilfe sie ähnliche Sachen weiter treiben; aber der hausbackene Menschenverstand sträubt sich gegen den Gedanken, dass Geister, mögen sie auch nicht eben hoch stehen, vor Neugierigen paradieren und zur Belustigung Kraftstücke vorführen sollen.

Das auf den ausgesprochenen Willen des Mediums erfolgende Eintreten solcher Phänomene, namentlich in der Öffentlichkeit, hat immer etwas Verdächtiges. Hier bedarf es der schärfsten Beobachtung der kleinsten Umstände und einer Berücksichtigung von Charakter und Vorleben des Mediums, wie nicht minder einer ganzen Menge von Umständen, die ein eingehenderes theoretisches Studium kennen und würdigen lehrt. Es ist zu bemerken, dass diese Art von Medialität - wenn in den einzelnen Fällen solche überhaupt vorhanden ist - abgesehen von wenigen Variationen, fast immer bei ein und demselben Programm der Phänomene bleibt. Dieser Umstand ist gewiss nicht geeignet, etwaige Bedenken zu zerstreuen. Vollständige Uneigennützigkeit, d.h. Verzicht auf Geldeinnahme, böte wohl die beste Garantie, dass alles mit rechten Dingen zugeht.

Wie es nun auch mit der Realität solcher Phänomene stehen mag, einen gewissen Nutzen stiften sie unter allen Umständen, indem sie die spiritistische Idee nach allen Seiten klingen lassen. Der Streit, welcher bei dieser Gelegenheit gewöhnlich zum Ausbruch kommt, veranlasst viele zu eingehenderem Studium. Allerdings ernsthafte Unterweisungen über Spiritismus, oder die spiritistische Philosophie kann man aus solcher Quelle nicht schöpfen, aber sie ist ein Mittel, die Aufmerksamkeit der Gleichgültigen zu fesseln und die Widerspenstigen zu veranlassen, darauf einzugehen, bedeutendere Köpfe aber Stellung nehmen zu lassen.

G.: Sie sprachen vorhin von guten oder bösen, von ernsthaften oder leichtfertigen Geistern. Ich kann mir, offen gestanden, diesen Unterschied nicht recht erklären; ich dächte, wenn sie ihre körperliche Hülle verließen, müßten sie sich von den an der Materie haftenden, ihr innewohnenden Unvollkommenheiten losmachen, es müßte für sie Licht werden in Bezug auf alle Wahrheiten, die uns noch verborgen sind, kurz, sie müßten von allen irdischen Vorurteilen befreit werden.

A. K.: Natürlich haben sie sich der physischen Mängel entledigt, ich meine der Krankheiten und Schwachheiten des Körpers, aber die sittlichen Unvollkommenheiten haften am Geist und nicht am Körper. Es gibt unter ihnen mehr oder minder intellektuell und moralisch Geförderte. Man befände sich im Irrtum, wollte man glauben, dass die Geister gleich beim Verlassen ihres materiellen Körpers vom Lichtschein der Wahrheit getroffen werden. Glauben Sie z.B., dass wenn Sie, lieber Freund, sterben, zwischen Ihrem Geist und dem eines Wilden oder Übeltäters gar kein Unterschied ist? Wäre dem so, wozu würden Sie sich bemühen, an ihrer Bildung und sittlichen Besserung so wakker zu arbeiten, wenn irgendein Taugenichts nach dem Tod ebenso viel wäre, wie Sie? Nur stufenweise vollzieht sich der Fortschritt der Geister und manche Male recht langsam. Es gibt unter ihnen - es hängt dies von ihrer Läuterung ab - solche, welche die Dinge vom richtigeren Standpunkt als zu ihren Lebzeiten ansehen; andere hingegen haben noch dieselben Leidenschaften, dieselben Vorurteile, dieselben Irrtümer an sich, bis Zeit und neue Prüfungen auch ihnen mehr Licht geben. Beachten Sie bitte, dass dies ein Ergebnis der Erfahrung ist, denn so zeigen sie sich uns in ihren Mitteilungen. Es ist dies also ein Grundprinzip des Spiritismus, dass sich unter den Geistern alle Stufen geistiger und sittlicher Entwicklung finden.

G.: Wie kommt es dann aber, dass nicht alle Geister vollkommen sind? Sollte Gott wirklich verschiedene Kategorien geschaffen haben?

A. K.: Da könnte man ebenso gut fragen, warum in einer Schule nicht alle in der Prima sitzen.

Alle Geister haben ein und denselben Ursprung, ein und dieselbe Bestimmung. Die zwischen ihnen bestehenden Unterschiede bedeuten keineswegs Artunterschiede, sondern nur verschiedene Entwicklungsstufen.

Die Geister sind nicht vollkommen, weil sie die Seelen von Menschen sind und weil Menschen eben nicht vollkommen sind; aus demselben Grund sind auch die Menschen nicht vollkommen, weil sie die Einverleibung mehr oder weniger fortgeschrittener Geister sind. Die physische und die geistige Welt gehen unaufhörlich ineinander über; durch den Tod des Körpers stellt die physische Welt der geistigen ihr Kontingent; durch die Geburten unterhält die geistige Welt den Bestand der Menschheit. Mit jeder neuen Existenz vollbringt der individuelle Geist einen mehr oder weniger großen Fortschritt, und wenn er auf der Erde die Summe der Kenntnisse und die sittliche Erhebung gefunden hat, die unser Himmelskörper ermöglicht, so verlässt er ihn, um in eine höhere Welt überzutreten, wo er Stoff zu neuen geistigen Bereicherungen findet.

Die Geister, welche die unsichtbare Bevölkerung der Erde bilden, sind gewissermaßen der Reflex der Körperwelt: man findet hier dieselben Laster und dieselben Tugenden; es gibt unter ihnen Gelehrte, Ignoranten, Pseudogelehrte, Weise, Unbesonnene, Philosophen, Schwätzer, Systematiker. Da sie sich noch nicht vollständig von ihren Vorurteilen befreit haben, so findet man unter ihnen alle politischen und religiösen Meinungen vertreten; jeder äußert sich nach seinen Ideen und was sie sagen, ist oft nur ihre persönliche Ansicht, und darum darf man auch nicht blindlings alles glauben, was die Bewohner der geistigen Welt uns mitteilen.

G.: Ist dem wirklich so, nun da stellt sich mir eine gewaltige Schwierigkeit dar. Wie soll man in diesem Konflikt entgegengesetzter Ansichten Irrtum von Wahrheit unterscheiden? Ich vermag nicht einzusehen, dass die Geister uns dann viel nützen und dass wir von dem Umgang mit ihnen viel profitieren können.

A. K.: Angenommen, die Geister dienten uns zu nichts weiter, als dass sie uns ihre Existenz dokumentierten, wir klar anerkennen würden, dass sie die Seelen früherer Menschen sind, wäre denn das nicht wichtig genug für alle, welche daran zweifeln, dass sie eine Seele haben und für die, welche nicht wissen, was aus ihnen im Tode wird?

Wie alle philosophischen Wissenschaften, so erfordert die hier in Frage stehende lange Studien und die sich ins Einzelne erstreckende Beobachtungen; erst dann lernt man es, Wahrheit von Trug zu unterscheiden. Oberhalb jenes Schwarms niedriger geistiger Wesen stehen die höheren Geister, welche nur das Gute im Auge haben und deren Mission es ist, die Menschen auf den Weg der Tugend zu führen. Unsere Sache ist es, für diese Verständnis und Würdigung zu haben. Doch glauben Sie ja nicht, dass das Studium der übrigen darum unnütz ist; muss man ja auch, um ein Volk gründlich kennen zu lernen, es unter allen seinen Erscheinungsformen beobachten. Was für die Ethnologie gilt, gilt ebenso auf dem Gebiet des Spiritismus.

Sie selbst, lieber Freund, dienen als Beweis hierfür. Sie bildeten sich ein, es genüge für Geister, ihre Körperhülle zu verlassen, um sich ihrer Unvollkommenheiten zu entledigen. Nun beweisen uns aber die Unterhaltungen mit Geistern das genaue Gegenteil: wir erfahren den wahren Zustand der geistigen Welt, welche für uns alle von höchstem Interesse sein muss, weil doch dahin unser aller Weg geht. Was die Irrtümer anlangt, die sich aus der unter den Geistern bestehenden Meinungsverschiedenheiten ergeben können, so verschwinden sie von selbst, je mehr man es lernt, die guten von den bösen, die gelehrten von den unwissenden, die aufrichtigen von den heuchlerischen zu unterscheiden, gerade wie dies unter uns der Fall ist. Dann erst beurteilt der gesunde Menschenverstand solche falschen Lehren auf ihren wahren Wert hin.

G.: Indessen halte ich meine Bemerkung doch aufrecht bezüglich wissenschaftlicher oder sonstiger Fragen, die man den Geistern vielleicht vorlegt. Die Divergenz ihrer Ansichten, bezüglich der auch unter den Gelehrten der Erde streitigen Theorien lässt uns in der vollsten Ungewissheit. Dass nicht alle alles wissen können, da sie nicht alle auf derselben Stufe des Wissens stehen, finde ich begreiflich; aber von welcher Bedeutung kann dann für uns die Ansicht derer sein, welche das Richtige wissen, wenn wir nicht festzustellen vermögen, wer Recht oder Unrecht hat? Da kann man sich ebenso gut an Menschen wie an Geister wenden.

A. K.: Diese Erwägung ist eine anderweitige Folge der Unwissenheit über das wahre Wesen des Spiritismus. Wer glaubt, in ihm ein Mittel entdeckt zu haben allwissend zu werden und alles zu finden, ist auf einem schlimmen Holzweg. Die Geister haben keineswegs den Auftrag erhalten, uns die Wissenschaft fix und fertig zu überbringen; das wäre denn doch ein bisschen zu bequem, wenn wir nur zu verlangen brauchten, um alles gehörig aufgetischt zu erhalten und wenn uns damit weitere Bemühungen und weiteres Forschen erlassen wäre. Gottes Wille ist, dass wir arbeiten, dass unser Denken sich übt; nur um diesen Preis erlangen wir das Wissen; die Geister befreien uns nicht von dieser Notwendigkeit. Sie sind was sie sind, der Gegenstand des Spiritismus ist es, sie zu studieren, um durch Analogieschluss zu finden, was wir eines Tages sein werden, nicht aber beabsichtigt dieses Studium, uns das zu enthüllen, was uns verborgen sein soll oder uns Dinge vor der Zeit zu offenbaren.

Ebenso wenig sind die Geister da, um als Wahrsager über die Zukunft zu fungieren, und wer sich mit der Hoffnung schmeichelt, auf diesem Weg gewisse Geheimnisse zu erfahren, bereitet sich seitens spottlustiger Geister seltsame, zum Teil komische, zum Teil schmerzliche Enttäuschungen: der Spiritismus ist eine Beobachtungswissenschaft und keine Wissenschaft für Wahrsagerei und egoistische Berechnung. Wir studieren ihn, um den Zustand der Individualitäten in der unsichtbaren Welt, ihre Beziehungen zu uns, ihr verborgenes Einwirken auf die sichtbare Welt kennen zu lernen, nicht aber etwaigen materiellen Nutzens halber. Von diesem Gesichtspunkt aus gibt es keine einzige geistige Individualität, deren Studium nicht von Nutzen wäre; bei allen können wir etwas lernen; ihre Unvollkommenheiten, Mängel, Fehler, ihre Unzulänglichkeit und sogar ihre Unwissenheit sind Beobachtungsgegenstände, die uns das innerste Wesen dieser Welt erschließen, und wenn sie uns nicht durch ihre Unterweisung belehren, so unterweisen wir uns selbst, indem wir sie studieren, gerade wie wir die Sitten eines uns unbekannten Volkes beobachten.

Was die aufgeklärten Geister anlangt, so teilen sie uns gar vieles mit, freilich aber in den Grenzen des Möglichen. Man darf sie nicht nach Dingen fragen, die sie uns nicht enthüllen können oder dürfen. Man muss sich mit dem, was sie uns mitteilen, begnügen. Wer über diese Grenze hinausgeht, setzt sich den Mystifikationen leichtfertiger Geister aus, die stets und auf alles eine Antwort bereit haben. Den Grad von Zutrauen zu beurteilen, den wir den einzelnen geistigen Individualitäten schenken dürfen, lehrt uns die Erfahrung und Übung.

G.: Ich will einmal annehmen, die Sache stehe fest und der Spiritismus sei eine anerkannte Tatsache: welcher praktische Nutzen kann daraus hervorgehen? Man ist bis jetzt ohne den Spiritismus durchgekommen; ich denke, man kann auch weiter ohne ihn durchkommen, kann ohne ihn ruhig leben.

A. K.: Dasselbe lässt sich auch von Eisenbahnen, von der Dampfkraft usw. sagen, ohne welche man früher recht angenehm lebte. Wenn sie unter praktischem Nutzen die Mittel zu einem angenehmen Leben verstehen, die Mittel, wie man sein Glück machen, die Zukunft erkennen, Kohlelager auffinden oder verborgene Schätze entdecken, Erbschaften machen, sich die Mühe der Forschung sparen kann, dann allerdings nützt er zu nichts; er kann an der Börse nichts bewirken, nicht in Aktien angelegt werden, ja nicht einmal nagelneue Erfindungen zum Besten geben, die sich zu weiterer Ausbeutung und Gründung eignen. Ja, ja, er ist an praktischem Nutzen ebenso arm wie viele, viele andere Wissenschaften, die vom kaufmännischen Standpunkt aus gesehen keinen Nutzen abwerfen. Die Menschen fühlten sich ebenso wohl vor der Entdeckung der neuen Planeten, ebenso wohl, bevor man wusste, dass sich die Erde und nicht die Sonne dreht, bevor man die Sonnenfinsternisse berechnete, bevor man die mikroskopische Welt und hundert andere Dinge kannte. Der Bauer braucht, um zu leben und sein Korn wachsen zu lassen, nicht zu wissen, was ein Komet ist. Wozu machen sich denn die Gelehrten an solche Untersuchungen? Ist dies nicht eigentlich alles verlorene Zeit und Mühe?! Doch lassen wir den Scherz! Alles, was dazu beiträgt, auch nur ein wenig den Vorhang vom Weltgeheimnis zu lüften, trägt zur Entwicklung der menschlichen Vernunft bei, führt uns tiefer ein in die Gesetze der Natur und erweitert so den Kreis unserer Ideen. Nun existiert aber die geistige Welt kraft eines dieser Gesetze; der Spiritismus enthüllt uns dasselbe; er belehrt uns über den Einfluss, welchen die unsichtbare Welt auf die sichtbare ausübt und über die zwischen beiden bestehenden Beziehungen, wie die Astronomie uns über die Beziehungen der Gestirne zur Erde belehrt; er stellt diese neue Welt als eine der Kräfte dar, die das All beherrschen und zur Aufrechterhaltung der allgemeinen Harmonie beitragen. Nehmen wir an, sein Nutzen beschränke sich hierauf, wäre die Entdeckung einer solchen Macht nicht schon viel, ganz abgesehen von der daraus resultierenden Sittenlehre? Diese neue Welt soll wirklich nichts sein, wenn noch obendrein die Kenntnis dieser Welt uns zur Lösung bis jetzt ungelöster Probleme führt, wenn sie uns die Geheimnisse von jenseits des Grabes enthüllt, die uns denn doch wohl ein bisschen interessieren müssen, da wir nun einmal alle, so viele wir sind, früher oder später den verhängnisvollen Schritt tun müssen? Aber ein anderer und noch positiverer Nutzen des Spiritismus ist der moralische Einfluss, den er durch die bloße Macht der Tatsachen übt. Der Spiritismus ist der offenbare Beweis von der Existenz der Seele, ihrer Individualität nach dem Tode, ihrer Unsterblichkeit und ihres zukünftigen Geschickes. Er ist die Vernichtung des Materialismus auf Grund von Tatsachen, nicht auf Grund philosophischer Spekulationen.

Man darf vom Spiritismus nicht mehr verlangen, als er bieten kann, und nicht über das ihm von der Vorsehung gesteckte Ziel hinausschießen. Bevor die Astronomie wirkliche Fortschritte gemacht hatte, glaubte man an die Astrologie. Liegt gesunde Vernunft in der Behauptung, die Astronomie nütze zu nichts, weil man sich mit Hilfe derselben das Horoskop nicht mehr stellen lassen kann? Wie die Astronomie die Astrologen entthront, so entthront der Spiritismus die Wahrsager, Zauberer und Hexenmeister. Er verhält sich zur Magie wie die Astronomie zur Astrologie, wie die Chemie zur Alchemie.

G.: Es gibt manche Leute, welche die spiritistischen Ideen als ihrer Natur nach geeignet betrachten, die geistigen Fähigkeiten in Verwirrung zu bringen, und aus diesem Grunde möchten sie dem weiteren Bekanntwerden derselben Hindernisse in den Weg legen.

A. K.: Wir Franzosen haben ein Sprichwort, das da lautet: „Wer seinen Hund totschlagen will, sagt, er wäre tollwütig." So nimmt es auch weiter nicht Wunder, dass die Feinde des Spiritismus alles mögliche hervorsuchen: die Fiktion ist ihnen ganz besonders willkommen gewesen, weil sie geeignet ist, Befürchtungen und nervöse Bedenklichkeiten zu erregen, und darum haben sie sich ihrer mit aller Eile bemächtigt. Doch sie wird vor einer ernsten Prüfung sofort hinfällig. Vernehmen Sie also über diese Art von Verrücktheit die Ansicht eines Verrückten, wofür Sie mich als einen Spiritisten doch halten. Geisteskrankheit kann aus allem hervorgehen, was den Geist stark und ausschließlich in Anspruch nimmt: Wissenschaften, Künste, ja selbst die Religion stellen ihr Kontingent. Geisteskrankheit ist ein pathologischer Zustand des Gehirns, des eigentlichen Denkinstruments: ist das Instrument desorganisiert, so wird das Denken benachteiligt und gehemmt. Geisteskrankheit ist also ein Folgezustand, dessen erste Ursache eine organische Disposition ist, die das Gehirn für gewisse Eindrücke mehr oder weniger empfänglich macht. Die Wahrheit dieser Behauptung ergibt sich ohne weiteres, wenn man beachtet, dass die einen fast ganz und gar in Denkarbeit aufgehen und doch nicht verrückt werden, andere dagegen es unter der Herrschaft der geringsten Überreizung sofort sind. Sobald für Geisteskrankheit die nötige Disposition vorhanden ist, wird diese ihr Charakteristisches von dem entnehmen, was den Geist hauptsächlich beschäftigt: es wird dies dann zur fixen Idee. Diese kann also bei einem, der sich mit Spiritismus beschäftigt hat, aus diesem Studium ebenso gut hervorgehen, wie sie aus den Begriffen Gott, Engel, Teufel, Glück, Macht, Kunst, Wissenschaft, Mutterschaft, wie sie aus jedem politischen und sozialen System hervorgehen kann. Es ist die höchste Wahrscheinlichkeit, dass ein an religiösem Wahnsinn Erkrankter auch durch den Spiritismus zum Wahnsinn geführt worden wäre, wenn der Spiritismus seine vorherrschende Beschäftigung gewesen wäre. Allerdings habe ich in irgendeinem Journal gelesen, in einer einzigen amerikanischen Ortschaft, deren Name mir nicht mehr einfällt, habe man viertausend Fälle von spiritistischer Verrücktheit gehabt, doch ist es ja bekannt, dass unsere Widersacher von der fixen Idee verfolgt werden, sich allein für vernünftig zu halten. Dies ist ebenso gut eine Manie, wie jede andere. In ihren Augen sind wir alle zur Aufnahme in die Irrenhäuser reif, und folglich mußten die viertausend Spiritisten, die jene Ortschaft zählte, ebenso viele Wahnsinnige sein. Bei diesem Rechnungsverfahren würden auf die Vereinigten Staaten etwa zehn bis zwölf Millionen und eine vielleicht noch größere Zahl auf die übrigen Länder der Erde zusammenkommen. Man sollte doch nun wirklich einmal mit diesem schlechten Witz aufhören, jetzt wo dieser Wahnsinn eine Macht in der Gesellschaft zu werden beginnt.

Das Beispiel Viktor Hennequins wird dabei gewöhnlich in großer Parade vorgeführt, wobei man nur vergisst, dass dieser längst, ehe er sich mit Spiritismus beschäftigte, sich als der Mann exzentrischer Ideen gezeigt hat. Wäre das Tischdrehen nicht gekommen, das nach einem geistreichen Wortspiel unserer Gegner ihn verdreht gemacht hat, so hätte sein Wahnsinn einen anderen Lauf genommen.

Ich behaupte demnach: der Spiritismus hat in dieser Beziehung kein Privileg. Aber ich gehe noch weiter und behaupte: Er ist tatsächlich ein Schutzmittel gegen Wahnsinn und Selbstmord.

Zu den am häufigsten vorkommenden Ursachen der Gehirnüberreizung muss man Enttäuschungen, Unglücksfälle, unangenehme körperliche und seelische Leiden rechnen, die zugleich auch die gewöhnlichen Ursachen des Selbstmordes sind. Nun sieht aber der wahre Spiritist die Dinge dieser Welt von einem so erhabenen Gesichtspunkt an, dass Drangsale für ihn nicht mehr als etwa widerwärtige Zufälle einer Reise sind. Was bei einem anderen eine heftige Erregung verursachen würde, berührt ihn nur oberflächlich. Zudem weiß er ja, dass des Lebens Kümmernisse Prüfungen sind, die zu seinem geistigen Fortschritt dienen, wenn er sich ihnen, ohne zu murren, unterwirft, weil er, je nach dem Mut mit welchem er sie ertragen, belohnt werden wird. Seine Überzeugungen verleihen ihm darum eine seelische Ergebung, die ihn vor der Verzweiflung und folglich auch vor einer unaufhörlichen Ursache des Wahnsinns und des Selbstmordes bewahrt. Außerdem kennt er aus den medialen Mitteilungen das beklagenswerte Los derer, die willkürlich ihre Tage verkürzen, ein Gemälde, das wohl geeignet ist, jedermann zu ernstem Nachdenken zu veranlassen; und so ist denn auch die Zahl derer, die auf diesem verhängnisvollen Abhang noch aufgehalten worden sind, eine beträchtliche. Es ist dies eines der schönsten Resultate des Spiritismus.

Man hüte sich übrigens, „pathologischen Wahnsinn" mit der so genannten Obsession, zu Deutsch: „Umsessenheit", zu verwechseln, einen Begriff, den zuerst der Spiritismus wissenschaftlich definiert hat, obgleich Sache und Name selbst zu allen Zeiten vorhanden gewesen sind. Obsession kommt von keinerlei Gehirnverletzung her, sondern ist das Resultat einer Unterjochung, welche bösartige, unsichtbare Intelligenzen auf gewisse Individuen üben: manchmal kann sie den äußerlichen Schein des Wahnsinns annehmen. Dieses sehr häufige Leiden ist vollständig unabhängig von dem Glauben an den Spiritismus, und die Psychiatrie, die überhaupt erst in den Kinderschuhen herumläuft, ist natürlich unvermögend, das Übel zu heilen, weil sie von der wahren Ursache auch nicht einen blassen Schimmer hat: indem der Spiritismus diese neue Ursache geistiger Verwirrung zeigt, gibt er zugleich das Mittel an die Hand, über das Leiden zu triumphieren. Er zeigt, dass die Einwirkungen nicht auf den Kranken, sondern auf die die Obsession übenden, spirituellen Intelligenzen erfolgen müssen. So wird der Spiritismus höchst wahrscheinlich auf dem Gebiet der Psychiatrie reformierend und umgestaltend wirken: er wird sich in vielen Fällen als Heilmittel und nicht als Ursache des Übels erweisen.

G.: Aus der Weltanschauung, die Sie vorhin in kurzen Umrissen darlegten, folgt, dass wir möglicherweise schon früher einmal oder mehrere Male als Menschen hier auf Erden existiert haben, und dass diese verschiedenen Existenzen zu unserer geistigen Förderung dienen sollen. Da kann ich mir nun nicht erklären, wie der Mensch die Erfahrungen seiner früheren Existenzen verwerten soll, wenn er die Erinnerung an dieselben so vollständig verliert, wie dies doch tatsächlich der Fall ist; denn beim Fehlen der Erinnerung ist jede Existenz für ihn so gut wie die erste. So muss also immer wieder von vorn angefangen werden. Angenommen, wir verlören an jedem Tag bei unserem Erwachen die Erinnerung an unser Tun und Treiben vom vorigen Tag, nun so wären wir in einem Alter von sechzig Jahren nicht weiser und klüger als mit zehn Jahren, während wir bei einer Rückerinnerung an unsere Fehler, Fehltritte und die Strafen, die uns dafür auferlegt worden sind, die Vergangenheit zu unserer geistigen Ausbildung verwerten könnten, ohne immer wieder von vorn anfangen zu müssen. Um bei dem Vergleich stehen zu bleiben, den Sie zwischen dem Menschen auf Erden und dem Schüler einer Schule angestellt haben, so leuchtet es mir schlechterdings nicht ein, wie ein Schüler mit Erfolg dem Unterricht der vierten Klasse z.B. beiwohnen soll, wenn er sich dessen nicht mehr erinnert, was er in der vorherigen Klasse gelernt hat. Diese Unterbrechungen im Zusammenhang des geistigen Lebens bilden gewissermaßen immer neue Wesen: die alte Gedankenwelt fällt, ein neues, erinnerungsloses Bewusstsein erhebt sich: das Vergangene ist null und nichtig.

A. K.: Dur ch solche Fragen veranlassen Sie mich, einen ganzen Kursus in Spiritismus mit Ihnen durchzunehmen. (Die Beantwortung der vielumstrittenen Frage mit ihren Beweisgründen findet sich in seinem Werk: „Buch der Geister", auf das wir hiermit verweisen) Alle von Ihnen erhobenen Einwendungen sind in der Tat bei einem, dem die Sache neu ist, ganz natürlich: bei ernstlichem Studium ergibt sich eine noch weit einleuchtendere Lösung, als ich sie jetzt mit meiner summarischen Erklärung geben kann, die selbst immer wieder zu immer neuen Fragen führen muss. Es ist eben im Spiritismus alles miteinander verkettet, und wenn man das Ganze überblickt, so sieht man, wie ein Grundsatz aus dem anderen fließt, wie die Grundlehren sich gegenseitig stützen. Wer diesen Überblick gewonnen hat, erkennt überall, selbst in dem anomal Scheinenden und mit der göttlichen Gerechtigkeit und Weisheit in scheinbarem Widerspruch Stehenden, das Walten eben dieser göttlichen Gerechtigkeit und Weisheit.

So steht es auch mit dem von Ihnen aufgeworfenen Problem, das mit anderen Fragen von gleicher Wichtigkeit verknüpft erscheint. Ich kann daher auch hier die Lösung nur andeuten.

Wenn bei jeder Existenz ein Schleier über die Vergangenheit geworfen wird, so verliert doch der Geist nichts von dem, was er in der Vergangenheit erworben hat: nur die Art und Weise, wie er es erworben, vergisst er. Um den Vergleich mit dem Schüler festzuhalten, sage ich: es kann diesem sehr gleichgültig sein, zu wissen, wo, wie und unter welchen Lehrern er die vorherige Klasse durchgemacht hat, wenn er nur beim Eintritt in die vierte Klasse die nötige geistige Reife besitzt. Wozu braucht er zu wissen, dass er für seine Faulheit und seine Auflehnung gegen die Schuldisziplin so und so viele Male Bekanntschaft mit dem Stock gemacht, wenn diese Züchtigungen ihn zu einem arbeitsamen und folgsamen Schüler gemacht haben? So bringt der Mensch bei seiner Wiedergeburt durch innerliche Anschauung und als angeborenes geistiges Eigentum mit, was er sich in seinen früheren Existenzen an Wissen und Moralität erworben hat. Ich sage an Moralität: denn wenn er sich im Laufe der einen Existenz gebessert, wenn er die Lehren der Erfahrung sich zu Nutze gemacht hat, so wird er bei seiner Wiederkehr instinktiv besser sein; sein in der Schule des Leidens und durch Arbeit gereifter Geist wird an innerlicher Festigkeit gewonnen haben, und weit entfernt, wieder von vorn anfangen zu müssen, besitzt er einen immer reicheren Fond, auf welchen gestützt er immer neue Erwerbungen macht.

Der zweite Teil Ihrer Einwendung, dass, wie Sie sagen, die frühere Gedankenwelt in nichts zerfällt, hat keine bessere Grundlage, denn das Vergessen bezieht sich nur auf das Leben im Körper; wenn der Geist den Körper verlässt, erlangt er die Rückerinnerung an seine früheren Existenzen wieder. Er hat dann Gelegenheit, ein Urteil zu fällen über den von ihm zurückgelegten und noch zu überwindenden Weg, so dass also keineswegs eine Lösung des Zusammenhangs im geistigen Leben eintritt, welches das eigentliche, das normale Leben des Geistes ist.

Das Vergessen auf Zeit ist eine Wohltat der Vorsehung. (Vergleiche Lessing „Erziehung des Menschengeschlechtes" §§ 98 und 99: „Warum sollte ich nicht so oft wiederkommen, als ich neue Kenntnisse, neue Fertigkeiten zu erlangen geschickt bin? Bringe ich auf einmal so viel weg, dass es der Mühe wiederzukommen etwa nicht lohnet? Darum nicht? Oder weil ich es vergesse, dass ich schon dagewesen? Wohl mir, dass ich es vergesse! Die Erinnerung an meine vorigen Zustände würde mir nur einen schlechteren Gebrauch des gegenwärtigen zu machen erlauben" usw.) Die Erfahrung wird oft durch harte Prüfungen und schreckliche Sühnen erworben, deren Erinnerung überaus peinlich wirken und sich noch zu den Bekümmernissen eines an Wirren ohnehin schon reichen Lebens gesellen würde. Wenn schon die Leiden eines Lebens lang erscheinen, wie stände es erst dann, wenn noch die Erinnerung an die Leiden der früheren Existenzen hinzuträte? Sie, lieber Herr, sind z.B. jetzt ein Ehrenmann durch und durch, aber Sie haben dies vielleicht harten Züchtigungen zu danken, die Ihnen für Übeltaten in der Schule des Lebens auferlegt worden sind, Übeltaten, die jetzt Ihrem ganzen Sein und Wesen aufs Äußerste widerstreben. Wären solche Reminiszenzen erfreulicher Art? Würde Sie nicht die Scham verfolgen bei dem Gedanken, dass jedermann das Böse kennt, das Sie begangen haben? Was kann Ihnen an dem gelegen sein, was Sie etwa zur Sühne gelitten und getan haben, wenn Sie jetzt ein allgemein geachteter Mann sind? In der Welt Augen sind Sie ein neuer Mensch, in Gottes Augen ein rehabilitierter, ein wieder hergestellter Geist. Befreit von der Erinnerung an eine lästige Vergangenheit handeln Sie mit größerer Freiheit; es ist für Sie ein neuer Ausgangspunkt, Ihre Schulden von ehemals sind getilgt, Ihre Sache ist es, keine neuen aufzunehmen.

Wie viele Menschen möchten gern während des Lebens einen Schleier über ihre Jugendjahre werfen! Wie viele haben gegen das Ende ihrer Laufbahn gesagt: „Könnte ich noch einmal jung werden und von vorn anfangen, dann wollte ich es anders machen.“ Nun wohl, was ihnen in diesem Leben nicht mehr möglich ist, werden sie in einem anderen tun. Auf intuitivem Wege wird ihr Geist in sein neues Erdendasein seine guten Entscheidungen mit hineinnehmen. So vollzieht sich nach und nach der Fortschritt der Menschheit und der Individuen.

Wir wollen einmal einen ganz gewöhnlichen Fall annehmen, dass unter Ihren Bekannten, ja vielleicht im Kreise Ihrer Familie ein Wesen ist, über das Sie sich beklagen könnten, weil es Sie vielleicht in einer früheren Existenz zugrunde gerichtet oder entehrt hat und dass dieses Wesen nun als bereuender Geist sich in Ihrer Umgebung einverleibt, ja sich mit Ihnen durch die Bande der Familie vereint, um durch hingebende und zärtliche Liebe sein Unrecht wieder gutzumachen. Würden Sie sich dann nicht gegenseitig in falscher Lage befinden, wenn Sie sich beiderseits Ihrer früheren Feindschaft erinnerten? Anstatt sie abzuschwächen müßte auf solche Weise der Hass nur noch verstärkt werden.

Sie können hieraus entnehmen, welche Verwirrung die Rückerinnerung in die gesellschaftlichen Beziehungen bringen, wie hinderlich sie dem geistigen Fortschritt sein würde. Nehmen wir einmal den Beweis aus dem täglichen Leben. Ein zu Zuchthausstrafe Verurteilter fasst den festen Entschluss, ein rechtschaffener Mensch zu werden. Was geschieht bei seiner Entlassung? Er wird von der Gesellschaft zurückgestoßen, und diese Abweisung, die er erfährt, überantwortet ihn in der Regel wieder dem Laster. Nehmen wir dagegen an, kein Mensch wüsste etwas von seiner Vergangenheit, dann findet er überall gute Aufnahme und könnte selber vergessen; dann vermöchte er gehobenen Hauptes einherzugehen, anstatt es unter schimpflicher Erinnerung beugen zu müssen.

Es steht dies in vollstem Einklang mit der Lehre der Geister bezüglich der höheren Welten. In jenen Welten, wo nur das Gute herrscht, hat die Erinnerung an die Vergangenheit nichts Peinliches, und es ist dies der Grund, warum man sich dort seiner vergangenen Existenz etwa so erinnert, wie wir uns unseres Tuns und Wirkens vom gestrigen Tag erinnern. Und was den Aufenthalt in den niedrigen Welten anlangt, so erinnert man sich seiner nur wie eines bösen Traumes.

G.: Ich will Ihnen einmal nach diesen Auseinandersetzungen und mit Hinblick auf die großen Autoritäten, die schon Ähnliches gelehrt haben, das Zugeständnis machen, dass vom philosophischen Standpunkt aus gesehen die spiritistische Lehre vollkommen vernünftig ist, dass, wenn die Sache sich nicht wirklich so verhält, sie sich so verhalten könnte. Aber da bleibt immer die Frage wegen der Geisterkundgebungen übrig, und diese Frage kann nur durch Tatsachen erledigt werden.

Aber gerade die Realität dieser Tatsachen bestreiten so viele, und Sie können und dürfen den Wunsch nicht verübeln, wenn man gern einmal bei derartigen Experimenten dabei sein möchte.

A. K.: Ich finde dieses Verlangen sehr begreiflich. Nur muss ich immer wieder die Bedingungen hervorheben, denen man sich zu besserer Beobachtung zu unterwerfen hat. Wer die Bedingungen selbst vorschreibt, mit dessen Lust und Neigung, sich aufzuklären, ist es wohl nicht weit her. Mit einem solchen vergeudet man die Zeit.

Auch das, lieber Herr, werden Sie noch zugeben müssen, dass es doch sehr seltsam wäre, wenn eine vernunftgemäße Philosophie aus eingebildeten und erdichteten Tatsachen hervorgegangen sein sollte.

Als guter Logiker wissen Sie, dass die Tatsächlichkeit der Wirkung auf die Tatsächlichkeit der Ursache schließen lässt: ist die eine wahr, so kann die andere nicht falsch sein, denn man kann doch da keine Frucht ernten, wo es keine Bäume gibt.

Allerdings hat nicht jedermann die Tatsachen erhärten können, weil sich nicht jedermann den äußerlichen Bedingungen unterworfen hat, die zu ihrer Beobachtung unerlässlich sind, weil namentlich auch nicht jedermann die nötige Geduld und Ausdauer zum Werke mitbringt. Aber hier ist es wie bei allen

Wissenschaften: was die einen nicht tun, tun die anderen; jeden Tag nimmt man das Ergebnis astronomischer Berechnungen ruhig hin, ohne dass man sie selbst angestellt hat. Dem sei wie ihm wolle, wenn Sie die Philosophie für gut befinden, so können Sie sie annehmen wie jede andere und dabei mit Ihrer Ansicht über die Mittel und Wege zurückhalten, die zu ihr geführt haben, brauchen dieselben höchstens als Hypothese zuzugestehen bis auf eine weitere Erhärtung derselben.

Die Überzeugungselemente sind bei den verschiedenen Naturen verschieden; was die einen überzeugt, macht auf andere nicht den geringsten Eindruck. Allein man befände sich in einem Irrtum, wollte man glauben, die physikalischen Experimente seien das einzige Mittel, um zur Überzeugung zu gelangen. So habe ich es erlebt, dass die auffallendsten Erscheinungen unvermögend waren, Überzeugung zu erwecken, während eine einfache, durch Schrift gewonnene Antwort zum Glauben geführt hat. Wenn man nämlich eine Tatsache sieht, die man nicht begreift, so erscheint sie um so verdächtiger, je auffallender sie ist, und unser Denken sucht unwillkürlich immer für sie eine ganz gewöhnliche Ursache; kann man sich aber von ihr Rechenschaft geben, so lässt man ihre Realität viel leichter gelten, weil eben ein Daseinsgrund für sie vorliegt: das Wunderbare und das Übernatürliche verschwinden. Allerdings sind die Erklärungen, die ich Ihnen in unserer heutigen Unterhaltung gegeben habe, noch lange nicht vollständig; aber bei all ihrer summarischen Kürze bin ich überzeugt, dass sie Ihnen Stoff zum Nachdenken geben werden; und wenn nun die Umstände Sie zum Zeugen irgendwelcher Manifestationen machen sollten, werden Sie dieselben nicht mehr mit jenem Blick der Voreingenommenheit ansehen, weil Ihre Beurteilung der Erscheinungen nunmehr eine feste Basis gewonnen hat. Der Spiritismus hat zwei Seiten: einmal den experimentellen Teil der Kundgebungen, das andere Mal die hieraus sich ergebende philosophische Lehre. Nun bekomme ich alle Tage Besuche von Leuten, die nichts gesehen haben und ebenso fest wie ich glauben, bloß aufgrund des Studiums des philosophischen Teils; für sie sind die spiritistischen Experimente das Nebensächliche, die daraus sich ergebende Lehre das Wesentliche, und diese Lehre erscheint ihrem geistigen Blick so groß, so vernunftgemäß, dass sie in ihr alles zu finden meinen, was ihrem innersten Hoffen und Wünschen entspricht, ganz abgesehen von allen Manifestationen. Es ist doch einleuchtend für Sie, dass, selbst wenn die Geisterkundgebungen nicht existieren, die Lehre trotz alledem eine Menge für unlösbar geachteter Aufgaben in natürlichster und ungezwungenster Weise löst. Wie viele haben mir gestanden, dass diese Ideen in ihrem Gehirn schon längst aufgekeimt wären, ohne freilich zur klaren Ausgestaltung zu gelangen. Der Spiritismus hat sie in Worte gefasst, hat ihnen Gestalt gegeben, und da ist es ihnen wie ein geistiges Aufblitzen gewesen. So wird es erklärlich, dass mein „Buch der Geister" bei der bloßen Lektüre eine ganze Menge zu Anhängern gemacht hat. Wie wäre das aber möglich gewesen, wenn man nicht vom Tischrücken und Tischklopfen ausgegangen wäre.

G.: Nun, Sie hatten allerdings Recht mit Ihrer Behauptung, dass aus dem Tischrücken eine philosophische Lehre hervorgegangen ist. Ich hätte wirklich nicht gedacht, dass aus einem Ding, mit welchem sich neugierige Unterhaltung belustigte, derartige Folgen hervorgehen konnten. Nunmehr sehe ich, wie weit das Feld ist, das Ihr System eröffnet.

A. K.: Halt, lieber Herr! Da tun Sie mir wirklich zu viel Ehre an, wenn Sie dieses System mir zuschreiben. Es gehört mir keineswegs, sondern ist vom Anfang bis zum Ende aus der Unterweisung der unsichtbaren Freunde hervorgegangen. Ich habe gesehen, beobachtet, geordnet, und suche nun anderen begreiflich zu machen, was ich selbst begreife. Das ist mein Anteil an der Sache. Zwischen dem Spiritismus und den anderen philosophischen Systemen besteht der grundwesentlichste Unterschied, dass letztere sämtlich das Werk mehr oder minder aufgeklärter Menschen sind, während ich in dem System, welches Sie mir zuschreiben, auf keinen einzigen Satz geistiges Eigentumsrecht habe. Man sagt: die Philosophie von Plato, Descartes, Leibnitz; aber nie wird es heißen: die Philosophie Allan Kardecs. Und so ist es besser, denn was will bei so wichtiger Frage ein Menschenname besagen? Der Spiritismus hat Hilfstruppen von noch ganz anderer Macht, neben denen wir Atome sind.

G.: Um noch ein letztes Mal auf die spiritistischen Experimente zu kommen, so bitte ich Sie schließlich, mir in aller Kürze mitzuteilen, wie man wohl Manifestationen hervorbringen kann.

A. K.: Das beste Mittel sind Versuche im Familien- oder Freundeskreis. Die Stimmung der Teilnehmer muss eine bescheidene und von aller Frivolität freie sein. Wird der Versuch begonnen mit Phrasen wie: „Nun, wir wollen doch einmal den Schwindel probieren!" Und ähnlichen, dann ist Zeit und Mühe verschwendet. Man sehe darauf, dass die Zahl der Teilnehmer womöglich nicht über sieben, aber auch nicht unter fünf ist: Verschiedenheit des Geschlechts, Alters und Temperaments der Teilnehmer sind wünschenswert, doch nicht gerade notwendig. Absolute Dunkelheit ist nur erforderlich, um die zarten Lichterscheinungen zu beobachten, die sich nach länger fortgesetzten Experimenten einfinden. Für die übrigen der gewöhnlichsten Phänomene genügt Halbdunkel, bei längere Zeit fortgesetzten Experimenten wirkt auch das Tageslicht nicht mehr störend, das anfänglich die feinen Influenzen zersetzt. Das Zimmer soll gemütlich und der Jahreszeit gemäß temperiert sein. Man setzt sich um den Tisch, die Hände flach auflegend in der Weise, dass die rechte Hand an oder auf der linken Hand des Nachbars ruht (Bildung der spiritistischen Kette). Haben die Phänomene ihren Anfang genommen und sind sie im gehörigen Gange, so kann auch die Kette gelöst werden. Wenn nach einiger Zeit die Phänomene, z.B. das Klopfen schwächer wird, so verstärkt man die Kraft durch Wiederherstellung der Kette.

Stellen sich nach längerem Warten oder nach kurzer Zeit selbständige Bewegungen des Tisches bzw. Klopfen im Tisch oder Fußboden ein, so frage einer: „Bist du ein intelligentes Wesen? Dann klopfe drei Mal." Geschieht dies, so ist der Kontakt hergestellt. Dann wird die Telegraphie folgendermaßen festgesetzt: Drei Klopftöne bedeuten „ja", ein Klopfton „nein", zwei Klopftöne „zweifelhaft" oder „ich kann es nicht sagen", fünf Klopftöne „sagt das Alphabet her!" Das Hersagen des Alphabets kann laut oder in Gedanken erfolgen. Bei dem betreffenden Buchstaben erfolgt der Klopflaut. Die einzelnen so bezeichneten Buchstaben werden von einem der Anwesenden niedergeschrieben und aus den niedergeschriebenen Buchstaben die Worte und Sätze gebildet. Sehr rasch hintereinander folgende Klopftöne bedeuten: „Ihr habt in der Niederschrift einen Fehler gemacht!" Eine der ersten Fragen, die man nach hergestelltem Kontakt vorzulegen pflegt, lautet: „Sitzen wir richtig?" Wird diese Frage verneint, so muss durch weiteres Fragen die Sitzordnung, auf welche sehr viel ankommt, festgestellt werden. Die Sitzungen haben regelmäßig, wenigstens einmal wöchentlich, zu ein und derselben Zeit stattzufinden. Nach und nach entwickeln sich die medialen Kräfte des Kreises immer mehr, wobei die unsichtbaren Intelligenzen gar nicht selten selbst Anleitung geben. Sind in der Gesellschaft Sprechmedien, so bedienen sich die Geister oft des Organs derselben (Phänomene der Inkarnation). Kommen bei einem der Anwesenden unwillkürliche Zuckungen des rechten Armes vor, so ist dies gewöhnlich ein Zeichen, dass der Betreffende Schreibmedium ist. Wenn ein Luftzug über die Hände geht, so kann man auf den Eintritt irgendeines Phänomens rechnen. „Diese eigentümlichen, oft sanften, oft fast rauschenden Luftwellen verkünden die Annäherung der geheimnisvollen Wesen." In jedem Kreis entwikkelt sich ein so genanntes Zentralmedium, dessen Anwesenheit für das Zustandekommen von Kundgebungen, mit Ausnahme der schriftlichen, unerlässlich ist. Ein anderes Mitglied des Zirkels hat die Fragen zu stellen, die Unterhaltung mit den Unsichtbaren zu führen, die erhaltenen Antworten niederzuschreiben usw. Die übrigen Mitglieder des Kreises haben Ruhe, zu beobachten. Ist der Zirkel frisch gebildet und sollen Manifestationen erst erlangt werden, so möge bis zum Eintritt derselben eine angenehme, allen gleich interessante Unterhaltung geführt werden: auch eine gute Spieluhr dient dem Zweck, die Anwesenden in eine gleichmäßige, harmonische Stimmung zu versetzen.

Das mediale Schreiben, das wichtigste spiritistische Experiment, entwickelt sich folgendermaßen (nach „Licht, mehr Licht", einer in Paris unter Karl von Rappard erscheinenden deutschen spiritistischen Zeitschrift):

Das Schreiben der Geister durch die Hand von Menschen ist ein Experiment, welches sicher gelingt, wenn nur auf Seiten der Versuchenden neben tiefem, sittlichem Ernst der lebhafte Wunsch vorhanden ist, sich von dem Sein oder Nicht-Sein der Geisterwelt zu überzeugen. (Man kann nämlich unter diesen Voraussetzungen ziemlich sicher auf ein Entgegenkommen seitens der Unsichtbaren rechnen).

Der Zirkel besteht in diesem Fall am besten aus drei bis vier Personen. Jeder bringt in halbverdunkeltem Zimmer seine auf dem Tisch ruhenden Hände mit denen seiner beiden Nachbarn durch Auf- und Aneinanderlegen in Berührung. Nach einigen Minuten stiller Sammlung ergreift einer der Teilnehmer eine mit Tinte gesättigte Stahlfeder oder eine Bleifeder und setzt sie in derselben Positur auf das Papier, wie er zu schreiben gewohnt ist. Im günstigen Fall erfolgt nach einigen Minuten eine von dem Willen des Schreibenden unabhängige Bewegung der Feder, während durch Arm und Hand nach den Fingerspitzen zu eine Art von Strom entweder gleichmäßig oder unter Zukkungen läuft. Es entstehen auf dem Papier gerade und krumme, bald zeilengemäß laufende, bald nach unten oder oben abweichende Linien. Sind mehrere solche Linien auf dem Papier, so möge man immerhin Fragen stellen, auf die „ja" oder „nein" als Antwort erwartet wird. Dann kann nach dem Namen der unsichtbaren, sich offenbarenden Intelligenz gefragt werden. Durch fleißiges Üben wird eine so veranlagte Person Schreibmedium.

Erfolgt jedoch nach Ablauf von etwa zwanzig Minuten noch keine unwillkürliche Bewegung der Feder, so machen die Übrigen den Versuch; wird auch dann nichts erzielt, so verschiebe man das Experiment auf den nächsten Tag, wo es an demselben Ort zu derselben Stunde und von denselben Teilnehmern wiederholt wird und so fort... Wird hierbei die nötige Ausdauer gezeigt, so lässt sich mit einiger Sicherheit darauf rechnen, dass das Experiment schließlich bei der Mehrzahl gelingt und wäre es nur ein einziges Mal, dass einige Buchstaben auf das Papier kommen (momentane Entwicklung der medialen Kraft). Freilich Geduld, guter Wille, lebhafter Wunsch und sittlicher Ernst sind die Vorbedingungen. Dies sind die Eigenschaften, die den Menschen Freunde unter den Unsichtbaren gewinnen lassen.

Unmöglich kann ich Ihnen hier eine ausführliche Beschreibung aller spiritistischen Experimente geben: ich müßte zu diesem Zweck allein ein umfängliches Buch schreiben. Das Obige wird vorläufig genügen: nur sei nochmals darauf hingewiesen, dass zum erfolgreichen wissenschaftlichen Experimentieren ein vorgängiges Studium der Theorie durchaus nötig ist.[1)]

G.: Auch erkläre ich mich vorläufig für befriedigt, möchte aber doch, ehe ich mich von Ihnen verabschiede, noch eine letzte Frage an Sie richten. Der Spiritismus hat mächtige Feinde. Könnten diese nicht ein Verbot der Ausübung desselben, sowie der Spiritistischen Vereine durchsetzen?

A. K.: Das wäre das beste Mittel, die Partie ein bisschen schnell zu verlieren, denn Gewalt ist der Beweisgrund derer, die nicht Gutes zu sagen haben. Ist der Spiritismus ein Hirngespinst, so wird er von selbst fallen, ohne dass man sich so viel Mühe zu geben braucht; wenn man ihn verfolgt, so fürchtet man ihn und erkennt damit indirekt seine Wichtigkeit und Bedeutung an. Ist er in der Wirklichkeit begründet, so ist er, wie gesagt, ein integrierender Bestandteil des Naturgeschehens, und ein Naturgesetz lässt sich mit einem Federstrich nicht aus der Welt schaffen.

Wären freilich die spiritistischen Kundgebungen das Sonderrecht eines Menschen, nun so könnte man diesen beiseite schieben und damit den Kundgebungen ein Ende machen; unglücklicherweise für die Gegner sind sie für niemand ein Geheimnis; es gibt dabei nichts Heimliches, nichts Verstecktes; alles geht in größter Öffentlichkeit vor sich, und jedermann kann sich überzeugen und vom Palast bis zum Dachstübchen bedient man sich dieses Rechts. Die öffentliche spiritistische Praxis lässt sich verbieten, aber gerade die schlagendsten und besten Kundgebungen vollziehen sich nicht in der Öffentlichkeit. Dies geschieht im Schoß der Familie; und da nun ein jeder Medium sein kann, wer kann eine Familie hindern, im Inneren des Hauses oder einen Einzelnen in der Stille seiner Studierstube, Geistermitteilungen zu erhalten trotz aller polizeilichen Maßregeln? Nehmen wir jedoch einmal an, eine Regierung hätte wirklich die Mittel, sie zu verhindern; kann sie sie auch bei den Nachbarstaaten oder auf der ganzen Erde hindern? Denn es gibt kein Land in den fünf Erdteilen, wo es nicht auch medial veranlagte Menschen in Scharen gäbe.

---

1 Dringend empfehle ich das Studium von Hans Arnolds Buch: „Wie errichtet und leitet man spiritistische Zirkel" - Verlag: Max Spohr, Leipzig - antiquarisch gelegentlich noch erhältlich.

Zudem hat der Spiritismus gar nicht seine Quelle unter den Menschen: er ist das Werk der Geister, die man weder verbrennen, noch ins Gefängnis stecken kann, wie man dies ehedem im Mittelalter bis in die Neuzeit hinein zur ewigen Schmach der Menschheit mit den Medien getan hat. Er besteht in einem persönlichen, individuellen Glauben; keineswegs aber ist sein Bestand an Vereine geknüpft, die an und für sich ganz überflüssig sind. Gelänge es selbst, alle spiritistischen Schriften zu vernichten, die Geister würden sie von Neuem diktieren.

Kurz, der Spiritismus ist heutigen Tags eine feste Errungenschaft des modernen Zeitbewusstseins. Er hat sich in der öffentlichen Meinung einen Platz erobert und nimmt unter den philosophischen Lehren eine hervorragende Stellung ein. Wem er nicht zusagt, der lerne es, wenigstens mit und neben ihm zu leben. Kein Mensch zwingt ihn, sich damit zu beschäftigen.

Anmerkung. Wir bemerken hierbei ergänzend zu der oben gegebenen Anleitung, dass die durch Klopfen mit dem Tisch und durch mediale Schrift erhaltenen Mitteilungen nur mit Vorsicht aufzunehmen sind, da bei der Art des Zustandekommens dieser Phänomene schwerer unterschieden werden kann, inwieweit eine willkürliche Mitwirkung der Teilnehmer mit im Spiel ist. In hiesigen Kreisen, in denen jene frei im Fußboden oder im Tisch entstehenden Klopftöne, übrigens bei voller Beleuchtung, beobachtet werden, lässt man deshalb gern die einzelnen, durch mediumistisches Schreiben erhaltenen Sätze durch dieses direkte Klopfen bezüglich ihres Ursprungs bestätigen; und in einzelnen Fällen wurden auch durch Schreibmedien erhaltene Niederschriften mit aller Bestimmtheit als nicht von den unsichtbaren Intelligenzen herrührend bezeichnet.

Dritte Unterredung

Allan Kardec und der katholische Geistliche

Motto: *Welche Religion ich bekenne?*
Keine von allen, die Du mir nennst.
Und warum keine? - Aus Religion.
Schiller

Vorbemerkung für deutsche Leser

Wer sich den Inhalt der beiden ersten Unterredungen zum geistigen Eigentum gemacht, wird sich über das Wesen des Spiritismus insoweit Klarheit verschafft haben, um zu sehen, dass er aus zwei grundwesentlich voneinander verschiedenen Teilen besteht.

Erstens nämlich belehrt er uns über die Tatsache einer uns umgebenden, für gewöhnlich unsichtbaren, geistigen Welt und über die Beziehungen, in welchen diese geistige Welt zur materiellen steht. Er zeigt die Mittel und Wege an, wie wir mit ihren Bewohnern verkehren können und welchen Einfluss diese auf uns üben. Er erweitert demnach den Kreis unserer Erfahrung und des menschlichen Naturerkennens überhaupt und bildet daher eine neue Wissenschaft, die man zu den empirischen, d.h. den auf Erfahrung und Experiment beruhenden zu rechnen hat. Nach dieser Seite hin ist er praktischer oder experimenteller Spiritismus und es erhebt sich auf dem Grund desselben die spiritistische Weltanschauung, die eine Erweiterung der vulgären Weltanschauung ist.

Zweitens ist aber der Spiritismus auch Philosophie, d.h. wir müssen neben dem empirischen Teil noch einen spekulativen Teil anerkennen. Die aus jener unsichtbaren Welt durch die Medien und ihre medialen Niederschriften uns zugehenden Mitteilungen bieten nämlich einen überaus reichen Stoff zu philosophischen Erörterungen und Betrachtungen, die, weil sie hauptsächlich auf eine praktische und weise Lebensführung gerichtet sind und eine reine, sittliche Tendenz verfolgen, geradezu zum Aufbau einer idealen Sittenlehre oder Ethik führen, daneben jedoch auch andere philosophische Fragen, z.B. den letzten Grund alles Seins, das Verhältnis Gottes zur geistigen und physischen Welt, sowie namentlich psychologische Fragen, wie z.B. das Wesen der Seele, beleuchten. Die spiritistische Philosophie ist demnach in erster Linie Ethik, in zweiter Linie Psychologie und Metaphysik („Seelenlehre und Wesenlehre“).

Da indessen diese Kundgebungen aus der geistigen Welt, abgesehen von gewissen Grundlehren, inhaltlich keineswegs gleichlautend sind, so ergibt sich hieraus eine Mehrheit spiritistischer Philosophien. Man unterscheidet daher einen amerikanischen, französischen, angelsächsischen, ungarischen, deutschen Spiritismus, je nach der Nationalität der Vertreter dieser einzelnen Systeme (Jackson Davis bei den Amerikanern, Allan Kardec bei den Franzosen, Zöllner und Du Prel bei den Deutschen, usw.) Jedoch ergibt sich bei einem Vergleich dieser einzelnen Systeme, soweit dieselben wirkliche Philosophien sind und nicht bloß (wie bei Zöllner, Wallace und Crookes) naturwissenschaftlich-mathematische Probleme aufwerfen, sofort das eine, dass ihnen sämtlich drei Punkte gemeinsam sind, dass sie auf einer gemeinsamen dreifachen Grundlage ruhen, nämlich erstens auf dem Glauben an ein höchstes und letztes rein geistiges Prinzip (Gott), zweitens auf dem Glauben an die individuelle Unsterblichkeit und drittens auf dem Glauben an den unendlichen Fortschritt der individuellen Seele. Dies sind die drei Grundpfeiler, auf denen jedes spiritistisch-philosophische System ruht, wie nicht minder auch alle Religionen auf ihnen ruhen.

Aus dieser Übereinstimmung mit den religiösen Grundlehren hat man irrtümlich geschlossen, der Spiritismus sei eine neue Religion oder erhebe den Anspruch, eine solche zu sein. Nichts ist verkehrter, nichts unerwiesener und willkürlicher als diese Annahme: ebenso gut könnte man dann auch die Philosophien von Kant, Hegel, Schopenhauer, als neue Religionen bezeichnen.

Der Spiritismus, der sich seinem Wesen nach mit allem beschäftigt, was zu der geistigen Welt Bezug hat, kann sich natürlich nicht der Pflicht entziehen, in objektiver Weise die Kundgebungen der geistigen Welt ihrem Inhalt nach zu buchen, zu sichten, zu würdigen und zu einem System zu gestalten, wie dies namentlich Allan Kardec in logischer, überaus klarer und fassbarer Weise getan hat. Damit ist aber noch kein Mensch, auch kein Anhänger der spiritistischen Weltanschauung gebunden, solche philosophischen Zusammenstellungen wie ein Evangelium anzunehmen, auf sie wie auf des „Meisters Worte zu schwören" und aus ihnen Normen für seinen Glauben zu ziehen. Im Gegenteil wird jedem eine gewissenhafte Prüfung zur Pflicht gemacht, wird jeder angewiesen, nach dem Satz zu verfahren: „Prüfet alles und das Beste behaltet." Der Spiritismus sagt also nicht: „Du sollst diese oder jene philosophische Überzeugung haben, du sollst an die und die Dogmen glauben, sondern er gibt rein objektiv an, was die unsichtbaren Intelligenzen von ihrem höheren Standpunkt aus über die Fragen uns mitzuteilen wissen, die den denkenden Menschen von jeher beschäftigt haben. Recht und Pflicht eines jeden, der sich mit Spiritismus beschäftigt, ist es, nach vorausgegangener Prüfung anzunehmen oder abzulehnen.

Welchen Zweck verfolgen nun aber diese spiritistisch-philosophischen, von den Geistern diktierten Systeme, die, wie die Erfahrung lehrt, in ihrer populären, allgemein verständlichen Form geeignet sind, das Interesse aller Menschen zu fesseln? Nun, die tägliche Erfahrung gibt die Antwort hierauf.

Die spiritistische Philosophie unternimmt es, den wissenschaftlichen Materialismus zu vernichten und mit ihm alle die Zeitrichtungen zu bekämpfen, die aus ihm hervorgehen, den Atheismus, die Sozialdemokratie, den Nihilismus, den Anarchismus und wie alle die Ausgeburten des Materialismus sich nennen mögen. Sie unternimmt diesen Kampf, gestützt auf die Realität der spiritistischen Erscheinungen, welche auf experimentellem Wege den Beweis von der Unsterblichkeit der individuellen Seele auf das Unwiderleglichste erbringen. Das ist die Tendenz und die Aufgabe sowohl des praktischen Spiritismus, als auch aller spiritistischen Philosophien.

Den Spiritismus verfolgen heißt daher dem Materialismus und Atheismus in die Arme arbeiten.

Dass dies von der urteillosen großen Masse oder von Menschen geschieht, die ihr Bildungsbedürfnis aus dem flachen Materialismus unserer Zeit zu befriedigen beflissen sind, darf nicht eben verwundern. Für sie ist der Spiritismus etwas allzu Auffallendes, als dass sie sich nicht versucht fühlen sollten, ihm wie einem seltenen Vogel die Federn auszurupfen. Zu den Unbegreiflichkeiten aber, an denen unsere Zeit so reich ist, gehört es, wenn die Geistlichen, die Vertreter der einzelnen religiösen Bekenntnisse, die Schulter an Schulter mit dem Spiritismus den Materialismus bekämpfen sollten, ihre Waffen gegen den natürlichen Bundesgenossen kehren, wie dies vorgekommen, ja vielfach die Regel ist.

Woher kommt dies? Einfach daher, weil der Spiritismus eingedenk seiner von der Vorsehung bestimmten Aufgabe dem Materialismus entgegenzutreten, sich unmöglich zum Diener einer besonderen Kirche machen kann, sondern unter Wahrung seiner Selbständigkeit als Wissenschaft die höchste religiöse Toleranz als Hauptgrundsatz an die Spitze stellt und, um die Religion an und für sich wieder in das ihr gebührende Recht einzusetzen, grundsätzlich keine einzelne auf Kosten der anderen bevorzugt. Es ist dies nicht eine Toleranz aus Gleichgültigkeit, sondern eine Toleranz aus Religiosität, und in diesem Sinne bitten wir unsere Leser das Schillersche Wort zu verstehen, mit welchem wir diese Betrachtung eingeleitet haben.

Und um an dem Sinn dieser Worte nicht den geringsten Zweifel zu lassen, fügen wir noch hinzu, dass der Spiritismus es jedem überlässt, der äußerlichen Kirche anzugehören, welche seinem Wesen am meisten zusagt. Dass er nicht unkirchlich ist, geht allein aus der Tatsache hervor, dass gar mancher, der im Sumpf des Materialismus stecken geblieben war, durch ihn wieder dem kirchlichen Bekenntnis zugeführt worden ist, dem er von seiner Jugend an dem Namen nach zugehört hat. Aber freilich ein christlicher Spiritismus, oder etwa gar ein katholischer und evangelischer, ist ebenso wenig denkbar wie ein islamischer, buddhistischer usw. Jeder, der nur etwas in das Wesen desselben eingedrungen ist und es gelernt hat, die beiden Elementarbegriffe „Religion" und „Philosophie" zu trennen, wird den Widerspruch im Beisatz sofort entdecken. Vom spezifisch christlichen Standpunkt aus dem Materialismus entgegenzutreten, ist Sache der Theologen weil der Spiritismus als solcher mit kirchlichen Dogmen nichts zu schaffen hat; kirchliche Dogmen sind für ihn ein „Rühr mich nicht an".

Sollten hin und wieder in spiritistischen Schriften harte Anklagen gegen den Klerus (bei Jackson Davis gegen die amerikanischen Calvinisten, Methodisten usw., bei anderen Schriftstellern gegen den katholischen Klerus) erscheinen, so wird man stets entdecken, dass diese Polemik durch Unduldsamkeit der anderen Seite hervorgerufen worden ist. Wie der Spiritismus weder der Religion, noch den einzelnen religiösen Bekenntnissen feindlich gegenübersteht, so tritt er auch den Vertretern der einzelnen Kirchen nie feindselig gegenüber, umso weniger, als er unter ihnen sehr viele Anhänger hat, die es sind, ohne es zu wissen.

Was die katholische Kirche anlangt, so erkennt dieselbe die Realität der spiritistischen Experimente prinzipiell an, nur verflucht sie den Spiritismus, weil sie die Phänomene dem „Einfluss des Teufels" zuschreibt. Natürlich kümmert sich der Spiritismus um diesen Fluch ebensowenig, wie sich der ganze Protestantismus, das Freimaurertum, die moderne Philosophie, der Darwinismus darum kümmern, die alle in derselben Lage sind.

Wenn sich hin und wieder auch in den Kreisen der protestantischen Theologie die Lust zeigt, der Ausbreitung des Spiritismus Hindernisse in den Weg zu legen, so ist dies eben die Anwandlung einzelner, die sich über das Wesen der Lehre unklar sind oder gewisse katholisierende Neigungen zeigen. Glücklicherweise ist das Prinzip der freien Forschung auf wissenschaftlichem Gebiet im Wesen des Protestantismus so fest begründet, dass man über derartige Ausschreitungen Einzelner ruhig zur Tagesordnung übergehen kann.

Aus dem Gesagten ergibt sich, denken wir, aufs klarste, dass der moderne Spiritismus weder Religion im Allgemeinen, noch ein einzelnes religiöses Bekenntnis ist und sein will. Dagegen beruht allerdings die Behauptung auf Wahrheit, dass von allen Systemen, die seit Gründung des Christentums je aufgetaucht sind, die spiritistischen Philosophien am meisten mit den Lehren des Christentums harmonieren. Ferner ist ebenso richtig, dass der Spiritismus, indem er uns eine unsichtbare geistige Welt kennen lehrt, in die wir nach unserem Erdendasein einzutreten haben, und indem er das Band deutlich zeigt, welches uns mit ihr verknüpft oder rückbindet, in mächtiger Weise das religiöse Gefühl erregt.

Sind denn das aber Gründe, ihn zu verfolgen? Den Spiritismus verfolgen heißt also nicht bloß, dem Atheismus und Materialismus in die Arme arbeiten, sondern heißt auch, vielen Tausenden die Möglichkeit nehmen, zum Glauben an Gott und die Unsterblichkeit der Seele zu gelangen, heißt, den neuen Weg, der zur Religiosität und Sittlichkeit führt, versperren. Welch schwere moralische Verantwortlichkeit nehmen also die auf sich, welche offiziell oder aus persönlicher Unwissenheit oder Voreingenommenheit sich ihm in den Weg stellen!

Wer freilich in dem Spiritismus eine Stütze für das Muckertum zu finden erwartet, der verkennt diese moderne Philosophie in seltsamer Weise. Der Spiritismus ist seinem ganzen Wesen nach liberal, fortschrittlich und ideal im besten Sinne des Wortes; liberal, indem er religiöse Toleranz mit lauter Stimme als seinen Hauptgrundsatz proklamiert, fortschrittlich, indem er den Erkenntniskreis des Menschen großartig erweitert und ideal, indem er den Geist auf eine Höhe erhebt, von welcher aus die Götzen, denen die Erdenbewohner dienen, klein und nichtig, alles Philistertum jämmerlich erscheinen und die Leiden des Erdendaseins als winzig klein verschwinden angesichts der großen Aufgabe unserer geistigen und sittlichen Durchbildung.

Wer ist also ein Spiritist? Wer an Gott, an die Unsterblichkeit seiner individuellen Seele und an eine progressive Vervollkommnung derselben in weiteren Daseinsformen glaubt, wer von dem Vorhandensein einer unsichtbaren, uns umgebenden geistigen Welt und von der Möglichkeit, mit ihr unter gewissen Umständen in Verkehr treten zu können, überzeugt ist, wer bei diesen Grundüberzeugungen religiöse Toleranz und die unbedingte Freiheit wissenschaftlicher Forschung vertritt und auf dieser Basis einen wahrhaft religiösen Sinn pflegt, d.h. an seiner individuellen Vervollkommnung unausgesetzt arbeitet, ist ein ***guter Spiritist***, gleichgültig welcher Kirche er angehört oder zu welchem spiritistischen Einzelsystem er sich bekennt.

Spiritist überhaupt aber ist jeder Anhänger der spiritistischen Weltanschauung, d.h. jedermann, der von dem Vorhandensein der geistigen Welt überzeugt ist und weiß, dass er nach diesem Erdendasein ein Bewohner derselben sein wird.

Ein ***spiritistischer Dilettant*** endlich ist ein solcher, der sich nur äußerlich mit der Tatsache einer geistigen Welt bekannt macht und grundsätzlich von allen sittlichen Folgerungen absieht.

Dies sind die drei Grade in der unsichtbaren Loge des Spiritismus.

* * *

In dem folgenden Gespräch, dessen Verständnis wir durch unsere Vorbemerkung zu fördern glaubten, setzt sich Allan Kardec mit einem katholischen Geistlichen ins Vernehmen und beleuchtet von seinem Standpunkt aus das Verhältnis des Spiritismus zum Katholizismus. Wir bitten unsere Leser, bei der Lektüre das oben von uns angedeutete feindliche Auftreten des Katholizismus gegen den modernen Spiritismus unverrückt im Auge behalten zu wollen.

Katholischer Geistlicher: Gestatten Sie mir, meinerseits einige Fragen an Sie zu richten?

Allan Kardec: Gern, Herr Abbé, doch bevor ich Ihnen antworte, möchte ich Ihnen doch das Terrain etwas zeigen, auf das ich mich Ihnen gegenüberstellen werde.

An erster Stelle erkläre ich Ihnen, dass ich keinen Versuch machen werde, Sie zu unseren Ideen zu bekehren. Wollen Sie diese im einzelnen kennen lernen, so stehen Ihnen ja die Schriften, in denen sie ausführlich dargelegt sind, zur Verfügung: da können Sie studieren mir der vollen Freiheit, sie anzunehmen oder abzulehnen.

Der Zweck des Spiritismus ist es, den Materialismus mit seinen traurigen Konsequenzen dadurch zu bekämpfen, dass er ganz offenbare Beweise von der Existenz der Seele und eines Lebens nach dem irdischen Tod gibt. Er richtet sich also an solche, welche weder an die Existenz der Seele, noch an ein Leben nach dem Tod glauben oder welche an beiden zweifeln; und dass die Zahl dieser groß ist, wissen Sie am besten. Die, welche den religiösen Glauben in dieser Zeit des Materialismus und des Unglaubens sich bewahrt haben und die in ihm ihre Befriedigung finden, bedürfen seiner nicht. Wenn jemand sagt: „Ich glaube an die Autorität der Kirche und halte mich an das, was sie lehrt, ohne darüber hinauszugehen", so antwortet ihm der Spiritist: „Ich dränge mich weder Dir noch sonst jemandem auf; eine erzwungene Überzeugung ist ein Unding."

Die Gewissensfreiheit ist eine Folge der Denkfreiheit und diese ist eines der Attribute des Menschen. Der Spiritismus würde sich mit seinen eigenen Prinzipien der Nächstenliebe und Duldsamkeit in Widerspruch setzen, wenn er sie nicht hochhielte. In seinen Augen ist jeder Glaube, wenn er aufrichtig isst und keinen Nachteil für den anderen im Gefolge hat, achtungswert, selbst wenn er irrig sein sollte. Wenn sich z.B. jemand in seinem Gewissen verpflichtet fühlen sollte zu glauben, dass die Sonne sich drehe und die Erde still stehe, so würden wir zu ihm sagen: „Glauben Sie es ruhig weiter, denn die Erde dreht sich auch trotz Ihres Unglaubens; aber wie wir Ihr Gewissen nicht vergewaltigen, so vergewaltigen Sie auch das unsere nicht. Wenn Sie aber aus einem an und für sich unschuldigen Glauben ein Instrument der Verfolgung machen, dann muss er als schädlich bekämpft werden."

Dies ist, Herr Abbé, die Position, die ich den Dienern der verschiedenen Kulte gegenüber eingenommen habe, wenn sie sich an mich wendeten. Haben sie über gewisse Punkte der Lehre Auskunft verlangt, so habe ich ihnen die nötigen Erläuterungen gegeben, ohne mich meinerseits darauf einzulassen, gewisse Dogmen zu erörtern, deren Erörterung gar nicht Aufgabe des Spiritismus sein kann, sondern die der Würdigung des Einzelnen anheim fallen, sofern er sie der Kritik überhaupt unterwerfen will. Ich meinerseits habe nie auch nur den geringsten Versuch gemacht, durch irgendwelchen Druck den Dogmenglauben eines Geistlichen zu erschüttern. Wer zu uns als Bruder kommt, findet brüderliche Aufnahme, wer uns abweist, den lassen wir in Ruhe. Diesen Rat gebe ich unablässig den Spiritisten und habe nie das Verfahren derer gebilligt, die die Mission zu haben glauben, den Klerus zu bekehren. Die Mahnung, die von mir an solche ergeht, lautet: „Säet in dem Feld der Ungläubigen, da ist reichliche Ernte einzuheimsen."

Der Spiritismus drängt sich nicht auf, denn er hält, wie gesagt, die Gewissensfreiheit hoch. Zudem weiß er, dass jeder aufgedrängte Glaube an der Oberfläche haftet und nur Scheinwerk ohne Aufrichtigkeit ist. Dagegen legt er seine Grundsätze jedermann offen dar, damit sich jeder sozusagen aus den Akten seine Ansicht bilden kann. Wer diese annimmt, seien es Geistliche oder Laien, tut es freiwillig und weil sie ihnen vernünftig erscheinen; doch zürnen wir selbstverständlich niemandem darum, dass er nicht unserer Ansicht ist. Wenn es jetzt zwischen der Kirche und dem Spiritismus zum Kampfe gekommen ist, so können wir uns mit dem Bewusstsein trösten, ihn nicht hervorgerufen zu haben.

Geistlicher: Wenn die Kirche sich eine neue Lehre erheben sieht und in ihr Grundsätze findet, die sie in ihrem Gewissen verurteilen zu müssen glaubt, bestreiten Sie ihr da das Recht, dieselben zu erörtern und zu bekämpfen und die Gläubigen gegen das, was sie als Irrtümer ansieht, zu beschützen?

A. K.: Keineswegs! Wir werden doch kein Recht bestreiten, welches wir für uns selbst unter Umständen in Anspruch nehmen. Hätte sie sich innerhalb der Grenzen einer Erörterung gehalten, ganz vortrefflich! Aber lesen Sie nur einmal die Schriften, die im Namen der Religion und von Dienern der Religion publiziert und die Predigten, die gehalten worden sind. Sie werden dabei das Gefäß von Beschimpfungen und Verleumdungen überlaufen und die Grundsätze der Lehre aller Orten in unwürdiger und böswilliger Weise entstellt sehen. Hat man nicht von der Kanzel herab die Anhänger der spiritistischen Weltanschauung als Feinde der öffentlichen Ordnung gekennzeichnet, die auf diesem Wege zum Glauben Zurückgeführten mit dem Bann belegt und aus der Kirche verwiesen, unter dem Vorwand, dass es besser sei, vollständig ungläubig zu bleiben als durch den Spiritismus zum Glauben an Gott und die Unsterblichkeit der individuellen Seele gebracht zu werden? Hat man nicht die Scheiterhaufen der Inquisition mit Bedauern vermisst? Ja, hat man die Spiritisten an einigen stockkatholischen Orten nicht mit christlicher Liebe der Lynchjustiz des fanatisierten Pöbels empfohlen? Hat man es nicht den Gläubigen ans Herz gelegt, sie wie Pestkranke zu meiden, nicht die Frauen aufgefordert, sich von ihren Männern des Spiritismus wegen zu trennen? Hat man nicht Angestellte aus ihren Ämtern, Arbeitern ihr sauer verdientes Brot, Unglücklichen die Spende der Nächstenliebe entzogen, weil sie Spiritisten waren? Hat man nicht sogar Blinde aus öffentlichen Versorgungshäusern ausgewiesen, weil sie ihren Glauben nicht abschwören wollten? Sagen Sie einmal, Herr Abbé, nennen Sie das eine loyale Erörterung? Haben die Spiritisten Unrecht mit Unrecht vergolten, Böses mit Bösem? Nein, ihre Verteidigungswaffen waren Ruhe und Mäßigung. Bereits hat die öffentliche Meinung ihnen insofern Gerechtigkeit widerfahren lassen, als man anerkennt, dass sie die Angegriffenen sind.

Geistlicher: Jeder vernünftige Mensch bedauert solche Exzesse, doch kann man unmöglich die Kirche für missbräuchliche Handlungen verantwortlich machen, deren sich wenig aufgeklärte Glieder schuldig machen.

A. K.: Zugegeben! Aber rechnen Sie denn Ihre Bischöfe und andere hohe Kirchenfunktionäre zu den „wenig aufgeklärten“ Gliedern, vor deren Augen und Ohren jene Gräuel geschehen?

Wenn die Kirche Predigten duldet, die eine wahre Verleugnung aller Nächstenliebe darstellen, in der Weise wie es geschieht, wenn sie die Veröffentlichung von beleidigenden und verletzenden Schriften gegen Ehrenmänner begünstigt, wenn sie sich den Verfolgungen nicht entgegenstellt, die im Namen der Religion geübt werden, nun, so ist dies wohl mit einer Billigung identisch.

Fassen wir es kurz zusammen! Dadurch, dass die Kirche systematisch die Spiritisten zurückstieß, die zu ihr zurückkehren wollten, hat sie dieselben gezwungen, sich auf sich selbst zurückzuziehen. Art und Heftigkeit ihrer Angriffe haben es fertiggebracht, dass sich eine Kluft aufgetan hat und die Frage auf ein neues Terrain versetzt worden ist. Der Spiritismus war nur eine einfache populär-philosophische Lehre, begründet auf nicht wegzudiskutierende physische Tatsachen: die Kirche hat diese Lehre als furchtbare Feindin und neue Religion proklamiert. Es war dies ein Ungeschick! Aber Leidenschaft macht blind.

Geistlicher: Der Spiritismus leidet seinem ganzen Wesen nach an einem inneren Widerspruch.

Eben haben Sie Denk- und Gewissensfreiheit als obersten Grundsatz des Spiritismus proklamiert und im selben Atemzug opfern Sie den Materialismus, der doch ebenso gut eine philosophische Weltanschauung ist, wie der Spiritismus? Warum soll er denn nicht derselben Freiheit teilhaftig sein, die Sie allen übrigen einräumen?

A. K.: Jedermann darf natürlich glauben, was ihm beliebt, auch an überhaupt gar nichts. Wir entschuldigen ebensowenig eine Verfolgung dessen, der an ein Nichts nach dem Tod glaubt, als die eines Ketzers. Wenn wir unserer ganzen Tendenz nach den Materialismus bekämpfen, so greifen wir nicht die Individuen an, sondern eine Lehre, die - wenn sie auch der Gesellschaft keine Gefahr bringt solange sie ein Ausdruck des Bewusstseins einzelner Hochgebildeter ist, jedoch geradezu eine soziale Wunde bildet, sobald sie sich verallgemeinert und die Massen ergreift.

Der Glaube, dass mit dem Tod für den Menschen alles vorüber ist, dass sich mit dem Leben alle Bande und Verbindlichkeiten lösen, bringt ihn zu der Erwägung, dass es doch recht albern sei, sein eigenes Wohlbefinden dem des Nächsten nur im Geringsten unterzuordnen. Daher die Lebensregel des Materialismus: „Jeder für sich!“ Denn mit diesem Leben ist ja alles zu Ende. Menschenliebe, Brüderlichkeit, Sittlichkeit haben keine Basis und Existenzberechtigung bei solchen Anschauungen. Warum sich Zwang und Entbehrungen auferlegen, wenn wir morgen vielleicht schon nicht mehr sind? Die Verneinung einer Zukunft, der bloße Zweifel an einem Fortleben sind die stärksten Anreizmittel zum Egoismus, der Quelle alles Unheils, unter welchem die Menschheit krankt. Es gehört eine starke und festgegründete Tugend dazu, um am Abhang des Lasters und Verbrechens ohne anderen Zügel als die Macht des Willens zurückgehalten zu werden. Die Achtung vor den Menschen kann den Weltmann zurückhalten, doch nicht den, der sich um die Meinung der Welt nicht kümmert.

Indem der Glaube an ein Weiterleben der Seele nach dem physischen Tod den ununterbrochenen Zusammenhang der unter den Menschen bestehenden Beziehungen beweist, begründet er unter ihnen eine Interessengemeinschaft, die das Grab überdauert. Damit vollzieht sich ein vollständiger Wandel der Ideen. Wäre dieser Glaube nur ein nichtiges, haltloses Schreckbild, so wäre sein Dasein ein vergängliches, ein flüchtiges; allein da Erfahrung und Experiment die Tatsächlichkeit desselben auf das Bündigste erwiesen hat und noch täglich erweist, so erwächst damit die Pflicht, ihn zu verbreiten und den entgegengesetzten Glauben zu bekämpfen und zwar eben im Interesse der durch den Materialismus bedrohten Gesellschaft. Dies ist die Aufgabe des Spiritismus. Sein Wirken ist ein erfolgreiches, weil er Beweise gibt und weil der Mensch es schließlich doch vorzieht, die Gewissheit eines zukünftigen Lebens und die Möglichkeit zu haben, in einer besseren Welt einmal besser und glücklicher zu leben als Ersatz für den Jammer und das Elend hier auf Erden, als an seine völlige Vernichtung nach seinem Tod zu glauben. In der Tat hat der Gedanke an ein Nichts, das uns erwartet, der Glaube, Kinder und sonstige Lieben mit ihrem Tod unwiederbringlich zu verlieren, für Wenige etwas Erfreuliches, das können Sie mir glauben. Dies ist auch der Grund, warum die Angriffe, die im Namen der Glaubenslosigkeit gegen den Spiritismus unternommen worden sind, stets des Erfolges ermangeln und ihn nicht einen Augenblick zu erschüttern vermögen.

Geistlicher: Dies alles lehrt schon die Religion. Bis jetzt hat sie genügt. Wozu also eine neue Lehre?

A. K.: Wenn die Religion wirklich genügt, warum gibt es da noch so viele Ungläubige im religiösen Sinne? Ja gewiss! Die Religion lehrt es; sie schreibt uns vor, wir sollen glauben; aber leider gibt es so viele Menschen, die auf das bloße Wort hin nicht glauben wollen! Der Spiritismus bringt die tatsächlichen Beweise und erhärtet das, was die Religion theoretisch lehrt. Woher kommen denn übrigens diese Beweise? Von den Kundgebungen der Geister. Nun ist doch anzunehmen, dass die Geister sich mit der göttlichen Einwilligung kundgeben. Wenn Gott in seiner Barmherzigkeit den Menschen diesen Trost und diese Hilfe sendet, um sie aus dem Unglauben zu retten, so ist es ein Frevel, die helfende Hand zurückzustoßen.

Geistlicher: Indessen müssen Sie doch zugeben, dass der Spiritismus nicht in allen Punkten mit der Religion übereinstimmt.

A. K.: Aber, Herr Abbé, ich bitte Sie – ! Dasselbe werden alle Religionen behaupten: Protestanten, Juden, Muselmanen, nicht minder als Katholiken.

Wenn der Spiritismus die Existenz Gottes, der Seele, ihrer Individualität und Unsterblichkeit, die Strafen und Belohnungen in einem künftigen Leben, die menschliche Willensfreiheit leugnete; wenn er lehrte, dass ein jeder hier auf Erden nur für sich da sei und nur an sich denken würde, so wäre er nicht allein der katholischen Religion, sondern jedweder Religion der Welt zuwider; er wäre die Verneinung aller Moralgesetze, auf denen die menschliche Gesellschaft fußt. Doch weit entfernt davon, verkündigen die Geister einen einzigen Gott, den Urquell aller Liebe und Gerechtigkeit; sie behaupten, dass der Mensch frei und für seine Handlungen verantwortlich sei und je nachdem, was er getan, belohnt und bestraft wird. Sie stellen an die Spitze aller Tugenden die Menschen- und Nächstenliebe und an die Spitze ihres Moralsystems den Satz: „Tuet den anderen, was ihr wollt, dass die anderen euch tun." Sind das nicht auch die Fundamente der Religion? Doch sie tun noch mehr: sie weihen uns in die Geheimnisse des zukünftigen Lebens ein, soweit wir diese wissen können und dürfen: die Ewigkeit ist für uns jetzt keine Abstraktion mehr, sie ist tatsächliche Wahrheit; denn sie selbst, die wir persönlich gekannt haben, sie kommen und schildern uns ihre Lage, sagen uns, wie und warum sie glücklich sind, wie und warum sie leiden. Was ist hierbei Antireligiöses? Diese Gewissheit der Zukunft, die wiederzufinden, welche man geliebt hat, ist sie nicht ein Trost? Ist der erhabene Ausblick in ein geistiges Leben, das unser Stolz und unser Glück ist, nicht auch (verglichen mit den kleinlichen Regungen des Menschentreibens) geeignet, unsere Seele zu erheben und in der Übung der Tugend zu kräftigen?

Geistlicher: Was die allgemeinen Fragen anlangt, so ist allerdings der Spiritismus mit den großen Wahrheiten des Christentums im Einklang. Wie steht es aber mit den Dogmen? Widerspricht er nicht gewissen Prinzipien, welche die Kirche lehrt?

A. K.: Vor allem ist der Spiritismus Wissenschaft, die sich nicht mit dogmatischen Fragen beschäftigt. Diese Wissenschaft hat gewisse moralische Konsequenzen, wie alle philosophischen Wissenschaften. Sind diese Folgen gute oder schlechte? Die Lösung dieser Frage ergibt sich aus den allgemeinen Grundsätzen, deren ich soeben gedacht. Da gewisse Leute über das eigentliche Wesen des Spiritismus in Täuschungen befangen sind, so mag die Wichtigkeit der angeregten Frage noch einige weitere Erörterungen entschuldigen.

Stellen wir zunächst einmal einen Vergleich an! Die Elektrizität hat, als in den Naturgesetzen begründet, zu allen Zeiten existiert, hat auch zu allen Zeiten die uns bekannten, wie die uns noch nicht bekannten Wirkungen hervorgebracht. In Unwissenheit über die wahre Ursache haben die Menschen diese Wirkungen in mehr oder minder wunderlicher Weise erklärt. Da kam die Entdeckun der Elektrizität mit ihren Eigenschaften, verbreitete über manche Naturgeheimnisse Licht und stürzte damit eine ganze Menge abgeschmackter Theorien über den Haufen. Was die Elektrizität und Physik im allgemeinen gewissen Erscheinungen gegenüber getan, hat der Spiritismus Erscheinungen einer anderen Klasse gegenüber getan.

Der Spiritismus beruht auf der Existenz einer unsichtbaren Welt, die aus körperlosen, den Raum bevölkernden Wesen besteht, Wesen, welche nichts anderes sind, als die Seelen derer, welche auf der Erde oder auf anderen Himmelskörpern ehedem körperlich gelebt und ihre materielle Hülle abgestreift haben. Diese Wesen, welche uns unablässig umgeben, üben auf die Menschen unbemerkt einen großen Einfluss aus; sie spielen in der moralischen Welt die tätigste Rolle, eine Rolle, die sich sogar bis zu einem gewissen Grade auf die physische Welt erstreckt. Der Spiritismus liegt also in der Natur, und man kann sagen, dass er in der Region des geistigen Lebens eine ebenso starke Macht ist, wie im physischen Leben Elektrizität und Gravitation es sind. Sonach haben sich die Phänomene, deren Quelle die unsichtbare Welt ist, zu allen Zeiten zeigen müssen und haben sich in der Tat gezeigt. Aus diesem Grunde werden sie in der Geschichte aller Völker erwähnt. Nur haben die Menschen in ihrer Unwissenheit, gerade wie dies bei der Elektrizität der Fall war, diese Phänomene auf falsche, zum Teil sehr wenig rationelle Ursachen zurückgeführt und in dieser Beziehung ihrer Einbildungskraft den freiesten Lauf gelassen.

So wirft der Spiritismus, der erst seit der Zeit, wo er Allgemeingut wurde der schärferen Beobachtung unterlag, auf eine Menge bis dahin für unlösbar gehaltener oder falsch verstandener Fragen ein glänzendes Licht. Sein wirklicher Charakter ist daher der einer Wissenschaft und nicht der einer Religion. Der Beweis ist, dass er unter seinen Anhängern alle möglichen Religionsgenossen zählt, die auf ihre religiösen Überzeugungen keineswegs verzichtet haben: eifrige Katholiken, die trotz des Spiritismus allen Pflichten ihres Kults getreulich nachkommen, wenn die Kirche sie nicht zurückstößt, Protestanten von allen Richtungen und Sekten, Israeliten, Mohammedaner, ja sogar Buddhisten und Brahmanen. Er ruht also auf Grundlehren, die von jeder dogmatischen Frage unabhängig sind. Seine moralischen Konsequenzen harmonieren ganz besonders mit dem Christentum, weil das Christentum von allen Religionen die aufgeklärteste und reinste ist. Aus diesem Grunde sind auch von allen religiösen Bekenntnissen der Erde die Christen am geeignetsten, ihn seiner wahren Wesenheit nach zu begreifen. Verdient er deshalb einen Vorwurf? Ohne Zweifel kann sich jedermann aus seinen Ansichten eine Religion bilden, die bekannten Religionen nach eigenem Belieben interpretieren, aber von da bis zur Gründung einer neuen Kirche ist ein weiter Weg.

Geistlicher: Bedienen sich denn die Spiritisten bei den Vorladungen oder Anrufungen nicht bestimmter religiöser Formeln?

A. K.: Keineswegs. Für die Geister ist die Formel nichts, die Gesinnung alles. Wenn diese nur eine reine, gute, fromme ist, was bedarf es da weiterer Formeln? Außerdem gehen wir an unsere Arbeiten mit Ruhe und Sammlung des Gemüts, einmal weil dies für die Beobachtung nötig ist, das andere Mal, weil wir den Wesen, die nicht mehr der Erde angehören - mag ihr Zustand im Jenseits sein, wie er will - Ehrfurcht schuldig zu sein glauben. Je reiner, lauterer und kindlicher die Gesinnung ist, mit welcher wir den Geistern nahen, desto eher können wir hoffen und erwarten, dass gute Geister solche, die sittlich weniger vollkommen sind, abhalten werden.

Geistlicher: Nun wohlan! Was sagen denn die „guten" Geister in Bezug auf Religion? Sie sollen uns doch mit ihrem Rat und ihrer Führung unterstützen. Ich nehme einmal an, ich hätte keine Religion und wollte eine wählen. Wenn ich nun die Frage an sie richtete: Ratet ihr mir Katholik, Protestant, Anglikaner, Quäker, Jude, Mohammedaner, Mormone zu werden, wie wird ihre Antwort lauten?

A. K.: Es sind bei den verschiedenen Religionen zwei Punkte ins Auge zu fassen: die allgemeinen, allen gemeinsamen und die einer jeden besonders eigenen Prinzipien. Von den ersteren haben wir soeben gesprochen; sie sind es, welche alle Geister, welches auch ihr Rang sein mag, verkündigen. Was die anderen anlangt, so können die gewöhnlichen Geister ihre besonderen Meinungen haben, sie können die eine oder die andere bevorzugen, sie können die oder die Form hochschätzen. Es kommt daher vor, dass sie gewisse religiöse Übungen, sei es aus persönlicher Überzeugung, sei es, weil sie sich die Gedanken aus ihrem Erdenleben bewahrt haben, sei es aus Klugheit, um nicht allzu gewissenhafte und ängstliche Naturen kopfscheu zu machen, vor allen übrigen empfehlen und ans Herz legen. Glauben Sie z.B., es werde ein aufgeklärter Geist, der sich an einen Muselmann wendet, ohne weiteres auf sein Ziel losgehen und ihm sagen, Mohammed wäre ein Betrüger: er werde verdammt sein, wenn er nicht zum Christentum übertrete? Er wird sich wohl hüten, so zu verfahren, wenn es ihm wirklich darum zu tun ist, sich Gehör zu verschaffen.

Im allgemeinen werden sich die höheren Geister, wenn namentlich keinerlei Erwägung spezieller Art sie dazu veranlasst, mit Detailfragen nicht beschäftigen. Sie beschränken sich darauf, zu sagen, „Gott ist gütig und gerecht, er will nur das Gute; daher ist die beste von allen Religionen die, welche nur das lehrt, was mit der Güte und Gerechtigkeit Gottes im Einklang steht, welche die größte und erhabenste Idee von ihm gibt, ihn nicht erniedrigt, ihm keine von den kleinlichen, leidenschaftlichen Regungen des Menschengemüts anhängt; welche die Menschen gut und tugendhaft macht und sie lehrt, sich untereinander wie Brüder zu lieben: welche jedes dem Nächsten zugefügte Böse verurteilt, die Ungerechtigkeit unter keinerlei Form und keinem Vorwand autorisiert, nichts den unwandelbaren Naturgesetzen Widriges vorschreibt, (denn Gott kann sich nicht widersprechen); die Religion endlich, deren Diener das beste Beispiel der Güte, Nächstenliebe und Sittlichkeit geben, die, welche am erfolgreichsten den Egoismus bekämpft und am wenigsten dem Stolz und der Eitelkeit der Menschen schmeichelt; kurz diejenige, in deren Namen das wenigste Böse begangen wird, denn keine gute Religion kann der Vorwand zu irgend etwas Bösem sein: sie kann der Sünde keinerlei Hintertür lassen, weder direkt, noch auf dem Wege der Interpretation. Hier heißt es: Sehen, prüfen, wählen!

Geistlicher: Angenommen, gewisse Punkte der katholischen Lehre würden von den Geistern, die Sie als „höhere" bezeichnen, bestritten; angenommen ferner, diese Punkte wären wirklich irrig. Ist dann der, für den sie - gleichgültig ob mit Recht oder mit Unrecht - Glaubensartikel sind, der sich also zu diesem Glauben bekennt, nach Ansicht der nämlichen Geister in seiner ewigen Wohlfahrt gefährdet?

A. K.: Gewiss nicht, wenn ihn dieser Glaube nur nicht abhält, das Gute zu tun, vielmehr ihn zu sittlichem Handeln aufmuntert, während der bestbegründete Glaube ihm augenscheinlich schaden wird, wenn er ihm Gelegenheit gibt, das Böse zu tun, es an der Ausübung der Nächstenliebe fehlen zu lassen und ihn hart und egoistisch macht; denn dann handelt er nicht nach dem göttlichen Gesetz. Wer wollte sich anmaßen, das Gegenteil zu behaupten? Glauben Sie wirklich, dass einem Menschen, welcher fest an Gott glaubt, dagegen aber im

Namen Gottes unmenschliche und lieblose Handlungen beginge, aus seinem Glauben ein Nutzen erwüchse? Ist er nicht vielmehr umso schuldiger, weil er die Mittel zur geistigen Aufklärung hatte?

Geistlicher: Der glaubenseifrige Katholik also, der gewissenhaft die Pflichten seines Kultes erfüllt, wird von den Geistern nicht getadelt!

A. K.: Nein, wenn dies für ihn eine Gewissensfrage ist und er in Aufrichtigkeit handelt; ja und abermals ja, wenn er ein Heuchler und scheinheiliger Frömmler ist.

Die höheren Geister, deren Mission es ist, den menschlichen Fortschritt zu fördern, erheben sich gegen alle Missbräuche, die möglicherweise diesen Fortschritt aufhalten können, gleichgültig, welcher Art diese Missbräuche sind und welche Individuen und gesellschaftlichen Klassen aus ihnen Nutzen ziehen. Nun werden Sie mir doch einräumen, dass die Religion von Missbräuchen nicht immer freigeblieben ist. Wenn es unter ihren Dienern solche gibt, die ihre Sendung mit echt christlicher Hingabe erfüllen, die durch ihr ganzes Auftreten die Religion selbst groß, schön und ehrfurchtgebietend machen, so werden Sie mir auch zugestehen, dass nicht alle die Heiligkeit ihres Berufes in diesem Sinne aufgefasst haben. Die Geister brandmarken das Laster überall, wo es sich findet. Die Missbräuche der Religion allgemein aufzeigen, heißt das, die Religion angreifen? Ihre größten Feinde sind die Verteidiger jener Missbräuche: denn eben diese Missbräuche lassen den Gedanken lebendig werden, dass an Stelle der Religion eigentlich etwas anderes treten sollte. Wäre die Religion wirklich irgendwie gefährdet, so müßte man dafür die verantwortlich machen, die von ihr eine falsche Ansicht unter dem Publikum dadurch erwecken, dass sie dieselbe zum Tummelplatz menschlicher Leidenschaften machen und sie zur Befriedigung ihres Ehrgeizes ausbeuten.

Geistlicher: Sie sagen, der Spiritismus diskutiere keine Dogmen, und doch nimmt er gewisse Punkte an, welche die Kirche bekämpft, z.B. das Gesetz der Wiedergeburt, die Existenz der Menschen vor Adam; er leugnet die Ewigkeit der Strafen, die Existenz der Dämonen, das Fegefeuer, das höllische Feuer.

A. K.: Das sind seit langem streitige Punkte, und der Spiritismus ist es nicht, der den Streit über sie auf die Tagesordnung gesetzt hat. Einige dieser Punkte scheiden selbst die Theologen in feindliche Lager. Die Zukunft wird über sie urteilen. Ein großes Prinzip beherrscht sie alle: das Gebot, das Gute zu tun, die Überzeugung, dass die Tugend die unerlässliche Bedingung unserer glücklichen Zukunft ist. Inzwischen, bis es Licht wird über alle diese Fragen, glauben Sie meinetwegen, wenn Sie Lust haben, an die Flammen und physischen Martern der Hölle, wenn dies Sie nur vom sündigen Handeln abhält; existieren diese dinge nicht, so werden sie auch durch Ihren Glauben nicht tatsächlicher. Glauben Sie immerhin, dass wir nur ein einziges körperliches Dasein haben, wenn dies Ihnen genehm ist: das wird Sie nicht hindern, hier oder anderswo wieder geboren zu werden, Sie mögen wollen oder nicht wollen, wenn es so sein soll. Glauben Sie immerhin, dass die Welt mit allem, was in ihr ist, in sechs mal vierundzwanzig Stunden geschaffen ist, wenn Sie so meinen: das wird die Erde nicht hindern, in ihren geologischen Schichten den Beweis des Gegenteils mit Lapidarschrift zu erbringen. Glauben Sie immerhin, wenn Sie Lust haben, dass Josua die Sonne in ihrem Lauf aufgehalten; dies wird die Erde nicht hindern, sich zu drehen. Glauben Sie getrost, dass der Mensch erst 6000 Jahre auf der Erde ist: die Tatsachen der Geologie werden sich um Ihren Glauben nicht kümmern. Glauben Sie an alles, woran Sie wollen, sogar an den Teufel, wenn dieser Glaube Sie nur gut, human und ihresgleichen gegenüber mildherzig macht. Als Moralphilosophie kennt der Spiritismus nur ein einziges Gebot, welches lautet: Handle rechtschaffen und meide die Sünde! Der Spiritismus ist eine auf Beobachtung beruhende Wissenschaft, die, ich wiederhole es, ihre sittlichen Folgen hat. Diese Folgen sind die Bestätigung und der Beweis der großen Prinzipien der Religion. Was die sekundären Fragen anlangt, so überlässt er sie dem Gewissen eines jeden einzelnen.

Beachten Sie übrigens, dass einige von den Divergenzpunkten, deren Sie soeben gedachten, vom Spiritismus im Prinzip gar nicht bestritten werden. Hätten Sie alles gelesen, was ich über diesen Punkt geschrieben habe, so hätten Sie gesehen, dass diesen streitigen Punkten nur eine vernünftigere, den Denkgesetzen gemäßere Erklärung gegeben wird, als man ihnen allgemein gibt. So leugnet der Spiritismus keineswegs z.B. das Purgatorium, die Läuterungsstätte, zeigt vielmehr die Notwendigkeit und Gerechtigkeit einer derartigen Annahme: aber er geht weiter und gibt hierüber eine streng begrenzte Definition, was man sich eigentlich darunter zu denken hat. Was die Ewigkeit der Höllenstrafen anlangt, so widerstrebt die Annahme solcher der unendlichen göttlichen Barmherzigkeit.

Die Lehre des Spiritismus hierüber ist folgende:

Die Dauer der Strafe hängt von der Besserung des Schuldbeladenen Geistes ab. Es wird über ihn keine Verdammung auf bestimmte Zeit verhängt. Das Ende der moralischen Leiden und Qualen tritt ein mit der Reue, der Sühne und der Genugtuung, kurz mit dem Eintritt einer ernsthaften, wirkungskräftigen Besserung und einer aufrichtigen Rückkehr zum Guten. So ist der Geist der Herr über sein Geschick; durch starres Beharren im Bösen kann er seine

Leiden verlängern, durch seine Anstrengungen im Streben nach Tugend sie mildern und abkürzen.

Wenn die Dauer der Strafe von der Reue abhängt, so folgt daraus, dass der schuldbeladene Geist, der weder zur Reue noch zur Besserung gelangt, ewig leiden müßte und für ihn die Strafe ewig wäre. Die Ewigkeit der Strafen versteht sich danach in relativem und nicht im absoluten Sinne.

Ein Zustand, der mit einer niedrigen geistigen Entwicklungsstufe verknüpft erscheint, ist es, der die leidenden Geister kein Ende ihres Zustandes absehen und glauben lässt, sie müßten ewig leiden. Auch dies ist für sie Strafe. Doch sobald ihre Seele sich der Reue öffnet, dringt ein Strahl der Hoffnung in die Nacht ihres Leidens.

Offenbar ist diese Lehre mit der Gerechtigkeit Gottes im Einklang, indem er nur solange bestraft, als man in der Sünde beharrt, und verzeiht, sobald man auf den Weg des Guten zurückkehrt. Wer hat diese Lehre aber erdacht? Ich etwa? Nein, die Geister führen sie uns vor und belegen sie durch Beispiele, die uns täglich vor Augen führen.

So leugnen also die Geister keineswegs die zukünftigen Strafen. Im Gegenteil, das Gemälde ihrer eigenen Leiden ist ergreifender als das der Höllenflammen, weil wir in ihm überall Logik finden. Man begreift, dass es so sein kann, ja dass es so sein muss, dass die Situation des Leidens eine ganz natürliche Konsequenz des Lebens auf der Erde ist. Selbst der philosophisch geschulte Denker findet an ihm nichts auszusetzen: denn alles harmoniert mit der Vernunft. Dies ist auch der Grund, warum der Spiritismus eine Menge Menschen, sogar starre Materialisten zum Guten zurückgeführt hat, was die Furcht vor den Flammen der Hölle, an die kein Mensch mehr glaubt, nun und nimmermehr vermocht hätte.

Geistlicher: Ich will einmal Ihre Schlussfolgerungen gelten lassen; aber glauben Sie nicht, dass die große Masse stärkere und kräftigere Bilder braucht, als eine ihr unverständliche Philosophie geben kann?

A. K.: Dies ist ein Irrtum, der mehr als einen zum Materialisten gemacht oder wenigstens mehr als einen der Religion abspenstig gemacht hat. Es kommt ein Augenblick, wo diese Bilder nicht mehr verfangen, und dann verwerfen die Leute, unvermögend, der Sache auf den Grund zu gehen, gleich alles miteinander. Sie sagen sich: Wenn mir als unbestreitbare Wahrheit ein Punkt vermittelt worden ist, der tatsächlich falsch ist, wenn man mir als tatsächliche Wahrheit ein Bild, eine Figur gegeben wurde, wer sagt mir, ob das Übrige mehr auf Wahrheit beruht? Wenn dagegen die Vernunft, je mehr sie wächst umso weniger Anlass findet, etwas abzulehnen, so festigt sich auch der Glaube immer mehr. Die Religion wird daher immer dabei gewinnen, dem Fortschritt der Zeitideen zu folgen: bloß wenn die Menschen vorwärts schreiten und sie zurückbleiben sollte, könnte sie gefährdet werden. Es heißt dies eine vollständige Verkennung der Epoche, wollte man annehmen, dass heutzutage die Menschen sich noch durch den Satan oder ewige Höllenstrafen schrecken lassen.

Geistlicher: Nun, auch die Kirche erkennt doch heutzutage an, dass die wirkliche Hölle nur eine Metapher, ein Bild ist; allein dies schließt keineswegs die Existenz der Dämonen aus. Wie sollte man sich auch ohne solche den mächtigen Einfluss des Bösen in der Welt erklären, das doch nicht von Gott kommen kann?

A. K.: Im gewöhnlichen Wortsinn nimmt der Spiritismus Dämonen nicht an, wohl aber nimmt er böse Geister an, die nicht besser sind und ebensoviel Böses anstiften, indem sie böse Gedanken erwecken. Nur behauptet er, dass dies keine besonderen Wesen für sich sind, die eigens für das Böse geschaffen und unaufhörlich dem Bösen ergeben wären, eine Art von Parias (Angehörige der niedrigsten Kaste Indiens) der Schöpfung und Peiniger des Menschengeschlechts. Es sind zurückgebliebene unvollkommene Wesen, denen jedoch die Zukunft nicht verschlossen ist. (Ähnlich nimmt die griechisch-katholische Kirche eine Bekehrung Satans an) Beachten Sie außerdem, dass das Wort „Dämon“ erst durch den modernen Sprachgebrauch zu der Bedeutung „böser Geist“ gelangt ist. Das griechische Wort „Daimon“ bedeutet „Genius, unsichtbare Intelligenz, übermenschliches, göttliches Wesen.“ Wie dem auch sei, heutzutage nimmt man es nur in negativem Sinne. Wenn man nun die Kundgebungen böser Geister annimmt, erkennt man damit prinzipiell die Tatsächlichkeit der Geistermanifestationen an. Die Frage ist nur die, ob sie die einzigen sind, die sich mitteilen, wie es die Kirche behauptet, um das Verbot des Umgangs mit ihnen zu motivieren. Hier rufen wir nun vernünftige Überlegung und die vorliegenden Tatsachen als Zeugen auf. Wenn Geister, gleichgültig von welcher Qualität, sich kundgeben, so kann doch dies nur mir Erlaubnis Gottes geschehen. Warum sollte er in aller Welt dies nur den bösen gestatten? Wie! Während er diesen die volle Freiheit ließe, die Menschen zu täuschen, sollte er es den guten untersagen, das Gegengewicht zu bilden und die gefährlichen Lehren jener zu neutralisieren? Würde nicht ein derartiger Glaube geradezu einem Zweifel an seiner Macht oder an seiner Liebe gleichkommen, den Satan als gleichberechtigten Faktor hinstellen und damit einen wirklichen Dualismus begründen? Die Möglichkeit, mit der unsichtbaren Welt überhaupt, also auch mit den guten Geistern zu verkehren, erkennt die

Bibel - altes wie neues Testament -, erkennen zum Überfluss die Kirchenväter an. Man lese nur die Geschichte der Heiligen und Mystiker, in welcher ganz genau dieselben Dinge vorkommen, welche die Geister des modernen Spiritismus, also nach Ansicht der orthodox-katholischen Gegner, die bösen Geister vollbringen. Und wahrhaftig, wenn die Kundgebungen nur Gutes enthalten, wenn in ihnen nur die reinste und erhabenste Sittenlehre zum Ausdruck kommt, wenn in ihnen das Laster, mit welcher Farbe es auch geschminkt sein mag, gebranntmarkt wird, ist es da vernünftig, zu glauben, dass dies alles das Werk des „Bösen" sein soll?

Geistlicher: Der Fürst der Finsternis verwandelt sich in einen Engel des Lichts, um die Menschen zu verführen.

A. K.: Wir wollen einmal die Existenz dieses „Fürsten der Finsternis" annehmen, der doch vernünftigerweise nur eine Allegorie sein kann. Indem die Kirche die Macht desselben in der Absicht übertrieb, zu schrecken, gelangte sie zu einem ganz entgegengesetzten Resultat, nach dem Grundsatz: „Wer zu viel beweisen will, beweist nichts." So ging nicht bloß die Furcht vor ihm, sondern auch der Glaube an seine Existenz verloren. Die Rotte nun, die dieser durchtriebene und raffinierte Teufel - so wird er ja dargestellt - im Spiritismus spielen soll, ist so töricht wie nur möglich. Sehen wir uns nur einmal den Inhalt der Kundgebungen des modernen Spiritismus, dieses Satanswerkes, an! Was finden wir in ihnen: Ermahnungen, zum Glauben an Gott zurückzukehren, zu ihm zu beten, sich seinem Willen zu unterwerfen, dem Bösen zu entsagen, Schilderungen des Glückes der seligen Geister und des traurigen Loses, welches der Bösen wartet. Und an wessen Adresse wenden sich diese Kundgebungen? An die Atheisten, Materialisten, an die Verächter des Gebetes, an die Lasterhaften, kurz an alle die Menschenklassen, die nach dem kirchlichen Dogma sowieso dem Teufel verfallen sind. Wo bleibt da die Logik?! Wäre das nicht das Treiben eines Einfaltspinsels, wäre dies nicht dümmer noch, als wollte man dem Vogel im Käfig die Freiheit geben, in der Absicht, ihn gleich wieder zu haschen?

So ist denn in der Lehre von der ausschließlichen Kundgebung der Dämonen ein Widerspruch, der jedem vernünftigen Menschen in die Augen fallen muss. Und aus diesem Grund wird kein Mensch glauben, dass die Geister, welche die Gottesleugner zu Gott, die Übeltäter zur Tugend zurückführen, welche die Traurigen trösten, den Schwachen Mut und Kraft verleihen, die durch die Erhabenheit ihrer Belehrungen die Seele über das materielle Leben erheben, Satanshelfer seien, und dass man aus diesem Grunde sich jeder Beziehung mit der unsichtbaren Welt enthalten müsse.

Geistlicher: Dass der Verkehr mit den Geistern der Verstorbenen gegen die religiösen Satzungen ist, beweist schon der Umstand, dass er von Moses aufs Förmlichste verdammt wird und dieser die Schwerste Strafe darauf setzt.

A. K.: Da im Evangelium ein derartiges Verbot nicht enthalten ist, so liegt die Frage so: Stellt die katholische Kirche das mosaische Gesetz über das Evangelium, kurz ist sie mehr jüdisch als christlich? Dabei bitte ich aber zu beachten, dass die jüdische weder im Mittelalter noch in der Neuzeit bei Bekämpfung des Spiritismus sich auf das mosaische Gesetz bezogen hat, auf welches sich nur die einzelnen christlichen Kirchen versteifen. Ist das nicht ein heilloser Wirrwarr?

Doch kommen wir zum Inhaltlichen Ihres Einwandes! Das durch Moses erlassene Verbot hatte damals seine volle Berechtigung. Der hebräische Gesetzgeber wollte, dass sein Volk mit allen Gewohnheiten bräche, die es den Ägyptern verdankte, und die wirkliche Missbräuche bezeichneten. Nun verkehrte man aber damals mit den Verstorbenen nicht etwa mit dem Gefühl der Hochachtung, Liebe und Pietät, sondern dieser Verkehr war ein Mittel der Wahrsagung, der Gegenstand eines schimpflichen Gewerbes, den Schwindel und Aberglaube ausbeuteten. Moses hatte folglich guten Grund, ihn zu verbieten. Eine schwere Strafe war aber nötig bei einem Volk, das in seiner Zuchtlosigkeit nur durch die strengsten Mittel in Schranken gehalten werden konnte.

Diese Strafbestimmung war also, wie so viele andere im mosaischen Gesetze, eine vorübergehende, den Sitten der Zeit und des Volkes angepasste. Sie wissen ebenso gut wie ich, Herr Abbé, dass das mosaische Gesetz aus zwei Teilen besteht; 1.) aus dem göttlichen Gesetz, das in den Tafeln des Sinai zusammengefasst ist; dieser Teil ist geblieben, eben weil er göttlich ist, und die christliche Religion stellt nur die weitere Ausführung desselben dar. 2.) Das bürgerliche oder Disziplinargesetz, das der Zeit und dem Volk angehörte und durch das Christentum abgeschafft worden ist, z.B. Beschneidung, Verbot des Genusses gewisser Nahrungsmittel usw.

Heutzutage sind die äußeren Umstände nicht mehr dieselben und Moses Verbot hat keinen Grund mehr. Wenn übrigens die Kirche verbietet, die Geister zu rufen, so kann sie diese doch nicht hindern, ungerufen zu kommen. So kann man alle Tage Leute sehen, die, ohne sich mit dem Spiritismus beschäftigt zu haben, Kundgebungen aus der anderen Welt erhalten, und dieses ist geschehen, ehe man von dem modernen Spiritismus eine Ahnung hatte. (Wir verweisen auf die Schriften von Hans Arnold, Lermina, Daumer, Görres, Justinus Kerner, Ennemoser und andere, die hierüber nicht den geringsten Zweifel lassen.)

Aber noch ein anderer Widerspruch! Wenn Moses die Geister der Verstorbenen zu rufen verbietet, so können also diese Geister kommen; denn sonst wäre das Verbot ein nutzloses. Konnten sie aber zu seiner Zeit kommen, so können sie es auch noch heutzutage. Sind es aber Geister der Verstorbenen, so sind es also nicht bloß Dämonen. Etwas Logik ist doch recht hübsch - wenn man sie hat.

Geistlicher: Die Kirche leugnet ja nicht, dass gute Geister sich kundtun können; denn sie erkennt ja an, dass die Heiligen derartige Kundgebungen gehabt haben; aber sie kann die nicht als gute ansehen, die gegen die unwandelbaren Prinzipien der Kirche Widerspruch erheben. Zwar lehren die Geister zukünftige Strafen und Belohnungen, aber nicht so wie die Kirche. **Sie allein ist kompetent** in der Beurteilung solcher Lehren, **sie allein** kann die guten von den schlechten unterscheiden.

A. K.: Nun denn, hiermit berühren Sie den Kardinalpunkt. Galileo Galilei ist 1633 als Ketzer angeklagt und beschuldigt worden, vom Teufel besessen zu sein, weil er ein Naturgesetz enthüllte, wodurch ein bis dahin als unanfechtbar betrachteter Glaube sich als ein irrtümlicher erwies. Er wurde verurteilt und exkommuniziert. Wären die Geister des modernen Spiritismus in allen Stükken auf die exklusiven Lehren der Kirche eingegangen, hätten sie nicht die Gewissensfreiheit proklamiert und gewisse Missbräuche verurteilt, da hätte man sie willkommen geheißen und nicht als Dämonen qualifiziert.

Aus demselben Grunde betrachten alle Religionen, in dem vermeintlichen ausschließlichen Besitz der absoluten Wahrheit, jede Lehre, die nicht von ihrem Standpunkt aus vollkommen orthodox ist, als Teufelswerk. Nun kommen aber die Geister nicht, um die Religion zu stürzen, sondern wie Galilei neue Gesetze der Natur zu enthüllen. Was den religiösen Glauben hierbei betrifft, so ist die Frage die, ob ein Naturgesetz, d.h. ein Werk Gottes, von einem Glaubensartikel annulliert werden kann und ob nicht, wenn das Naturgesetz einmal anerkannt ist, das Dogma weit vernünftiger im Sinne des Naturgesetzes ausgelegt wird, als dass man das letztere dem Teufel zuschreibt.

Geistlicher: Lassen wir einmal die Frage wegen der Dämonen; ich weiß, dass sie von den Theologen selbst verschieden ausgelegt wird; allein die Theorie der Wiedereinverleibung scheint mir schwieriger mit der Dogmatik zu vereinbaren; denn das ist ja weiter nichts als die Seelenwanderung oder Metempsychose des Pythagoras in einem neuen Gewande.

A. K.: Die Erörterung dieser Frage würde mich hier zu weit führen. (Ausführliches hierüber im „Buch der Geister“: Moral des Evangeliums, Kap. 4 und 5) Daher nur zwei Worte in Bezug auf ihre Bemerkung.

Die Seelenwanderung der Alten war der Glaube, die Seele des Menschen könne in Tiere wandern, was einer Degeneration gleichkam. Ich sage: „könne", denn diese Wanderung in Tierkörper wurde nicht als ein der menschlichen Seele und ihrem Wesen innewohnender Zustand, sondern nur als eine Strafe auf Zeit angesehen. So sollten die Seelen der Mörder in den Körper wilder Tiere übertreten, um in ihnen ihre Strafe zu erleiden, die der Unkeuschen in Schweine, die der Unbeständigen und Flatterhaften in Vögel, die der Faulenzer und der Unwissenden in Sumpftiere. Nach einigen Jahrtausenden, je nach der Größe der Verschuldung, sollte die Seele aus diesem Gefängnis in das Menschentum zurückkehren. Es war also die Einverleibung in ein Tier keineswegs die absolute Regel: nebenher ging die Einverleibung in Menschen, wie man schon daraus ersieht, dass die Strafe furchtsamer Männer darin bestand, dass sie nach ihrem Tode in den Körper von Frauen übertraten, die einer verächtlichen und gewalttätigen Behandlung ausgesetzt waren. Es war dies eine Art von Schreckbild für einfältige Menschen, weit weniger philosophische Lehre. Wie man jetzt zu den Kindern sagt: „Wenn ihr ungezogen seid, kommt der Wolf und frisst euch", so sagten die Alten zu den Verbrechern: „Aus euch werden Wölfe werden." Heutzutage heißt es dafür: „Der Teufel wird euch holen und in die Hölle entführen."

Wesentlich von dieser Seelenwanderung verschieden ist die spiritistische Lehre von der Vielheit der Existenzen, insofern, als sie die Einverleibung der Seele in Tiere selbst zu dem Zweck der Bestrafung ableugnet. Die Geister lehren, dass die Seele nie rückwärts, sondern unaufhörlich vorwärts schreitet. Diese verschiedenen körperlichen Existenzen vollziehen sich im Menschentum; jede Existenz ist für den Geist ein Schritt nach vorwärts auf dem Wege des intellektuellen und sittlichen Fortschritts. Es ist dies offenbar etwas wesentlich anderes, als die rohe Form der antiken Seelenwanderung, in welcher man eben nur die dunkle Ahnung der Wahrheit zu erkennen hat. Da der Geist in einer einzigen, oft noch durch Zufälligkeiten abgekürzten Existenz eine vollständige Entwicklung nicht erlangen kann, gestattet ihm Gott, in einer neuen Einverleibung die Aufgabe zu vollenden, die er nicht hat vollenden können, oder wieder von vorn zu beginnen, was er schlecht gemacht hat. Die Sühne durch die körperliche Existenz besteht in den Mühen und Plagen, welche man erdulden muss.

Die hauptsächliche Stärke dieser Lehre liegt in der Leichtigkeit, mit welcher durch sie eine Menge Probleme in überraschendster Weise ihre Erklärung und Lösung finden. Sie ist in höchstem Grade logisch und mit der göttlichen Gerechtigkeit konform. Sie ist keine Theorie, die zum Nutzen und Vorteil irgendeiner Sache ausgedacht worden ist, noch weniger meine persönliche Ansicht. Wenn der Nachweis erbracht wird, dass gewisse Dinge, die vorhanden sind, ohne die Wiedereinverleibung vollständig unerklärlich sind, so wird man wohl oder übel einräumen müssen, dass sie die Wiedereinverleibung zur Voraussetzung haben, diese also tatsächlich ist.

Geistlicher: Sind denn die, welche an die Geister und ihre Manifestation nicht glauben, nach Aussage der Geister in den zukünftigen Leben weniger gut gestellt als die Geistergläubigen?

A. K.: Wäre dieser Glaube für die Seligkeit unerlässlich, was sollte denn dann aus denen werden, die seit dem Bestehen der Welt nicht in der Lage gewesen sind, zu ihm zu gelangen, sowie aus denen, die noch für lange Zeit sterben werden, ohne ihn zu haben? Soll ihnen die Pforte der Zukunft verschlossen sein? Nein, die uns belehrenden Geister haben mehr Logik. Sie sagen: Gott in seiner unendlichen Liebe und Gerechtigkeit lässt das zukünftige Los des Menschen nicht in Abhängigkeit von äußeren Lagen, in die er ohne sein Verschulden versetzt ist. Ihre Rede ist nicht: Ohne Spiritismus kein Heil! sondern: *Ohne Liebe kein Heil!*

Geistlicher: Wenn dies der Fall ist, wenn die Geister nur die ethischen Grundprinzipien lehren, wie sie das Evangelium enthält, so kann ich im Spiritismus keinen rechten Nutzen sehen: können wir doch nach wie vor ohne ihn zur Seligkeit gelangen. Ganz anders läge freilich die Sache, wenn die Geister einige neue große Wahrheiten lehrten, einige von jenen Prinzipien, welche die Welt äußerlich ganz umgestalten, wie dies Christus getan. Wären nur wenigstens die Lehren dieser Geister in allen Stücken übereinstimmend. Aber auch dies ist ja nicht einmal der Fall, und schon jetzt bilden die Anhänger derselben mehrere Sekten. Ich dächte, man ließe die Geister in Ruhe und wir hielten uns an das, was wir haben.

A. K.: Sie tun Unrecht, immer und immer so starr auf Ihrem Standpunkt zu verharren und die Kirche als das einzige Kriterium menschlichen Wissens anzunehmen. Wenn Christus die Wahrheit verkündet hat, so ist es doch selbstverständlich, dass der Spiritismus nichts anderes, nichts Entgegengesetztes lehren kann. Statt ihn also zu steinigen, sollte man ihn als mächtigen Bundesgenossen aufnehmen, der durch Stimmen vom Jenseits des Grabes die Grundwahrheiten der Religion kräftigt, nachdem der Unglaube in dieselbe Bresche geschlagen hat. Dass der Materialismus ihn bekämpft, ist begreiflich; dass sich aber die Kirche mit dem Materialismus verbindet, ist weniger fasslich, noch weniger aber, dass sie sich darauf versteift, in den Lehren des Spiritismus, die eine Bestätigung des reinen Christentums sind, Teufelsblendwerk zu erblicken.

Ich sage des reinen Christentums. Denn haben sich denn die verschiedenen christlichen Kulte in Wahrheit gar nicht von der Linie entfernt, die Christus vorgezeichnet? Werden seine ethischen Vorschriften mit gewissenhafter Ängstlichkeit beobachtet? Hat man seine Worte nicht gedreht und gewendet, um aus ihnen eine Stütze für menschlichen Ehrgeiz und menschliche Leidenschaften zu machen, die nämlichen Worte, welche die stärkste Verurteilung solchen Treibens enthalten? Wenn nu der Spiritismus kommt und durch die Stimme der Geister die Verirrten zur straffen Beobachtung der christlichen Gebote zurückführt, ist dies Satanswerk?

Sehr mit Unrecht bezeichnen Sie ferner einige Meinungsverschiedenheiten bezüglich der spiritistischen Phänomene als Sekten. Es kann nicht weiter in Verwunderung setzen, dass an der Eingangspforte einer ganz neuen Wissenschaft, zu einer Zeit, wo für viele die Beobachtungen noch unvollständig waren, diametral entgegengesetzte Theorien sich geltend zu machen suchten; allein diese Theorien beruhen auf Detailpunkten und keineswegs auf dem Fundamentalprinzip. Sie können zur Gründung von Schulen führen, die gewisse Tatsachen in ihrer Weise erklären, aber Sekten sind dies ebensowenig, wie die verschiedenen Systeme, welche bezüglich der exakten Wissenschaften unsere Gelehrten in Gruppen teilen, wie dies in der Medizin, in der Physik usw. vorkommt. Streichen Sie also nur das Wort Sekten, welches im vorliegenden Fall ganz unpassend ist. Hat nicht übrigens auch das Christentum gleich von seinem Entstehen an eine ganze Menge von Sekten ins Leben gerufen? Warum ist Christi Wort nicht mächtig genug gewesen, um allen Streitereien Stillschweigen aufzuerlegen? Warum hat es sich Deutungen gefallen lassen müssen, die noch heutzutage die Christen in verschiedene Kirchen teilen, welche alle die Heilswahrheit zu haben behaupten, sich gründlich und von Herzen verabscheuen, ja sich sogar im Namen des göttlichen Meisters, der uns Liebe und Barmherzigkeit gepredigt, mit dem Bann belegen?

„Schwachheit der Menschen“ rufen Sie gut! Wie kommen Sie denn aber auf das Verlangen, dass der Spiritismus sofort über diese Schwäche triumphieren und wie durch ein Zauberwort die Menschheit umgestalten soll?

Ich komme zur Nützlichkeitsfrage. Sie sagen, der Spiritismus lehre uns nichts Neues. Das ist ein Irrtum: im Gegenteil sagt er denen, die nicht auf der Oberfläche der Dinge stehen bleiben, gar vieles. Hätte er weiter nichts getan, als dass er an Stelle der Lebensweisheit: „Außerhalb der Kirche kein Heil“, die andere gesetzt hätte: „Ohne Liebe kein Heil“, eine Devise, welche die entzweiten Menschen wieder eint, er hätte eine neue Ära der Menschheit bezeichnet.

Sie sagen, man könne auch ohne Spiritismus durchkommen. Einverstanden! Gerade wie man auch ohne eine Menge wissenschaftlicher Entdeckungen hätte weiter durchkommen können. Ganz gewiss fühlten sich die Menschen vor der Entdeckung sämtlicher neuer Planeten ebenso wohl; ebenso wohl, bevor man die Sonnen- und Mondfinsternisse berechnete; bevor man die mikroskopische Welt kannte usw. Der Bauer braucht, um zu leben und sein Korn wachsen zu lassen nicht zu wissen, was ein Komet ist, und doch leugnet kein Mensch, dass dies alles unseren Ideenkreis erweitert und uns in die Gesetze der Natur immer tiefer einführt. Nun ist aber die Welt der Geister eines jener Gesetze, welches der Spiritismus uns kennen lehrt; er zeigt uns den Einfluss, welchen sie auf die Körperwelt üben. Wenn hierauf sich kein Nutzen beschränkt, so wäre schon die Enthüllung einer derartigen Macht genug, sollte ich meinen.

Betrachten wir jetzt den sittlichen Einfluss des Spiritismus. Räumen wir ein, er lehre uns in dieser Beziehung absolut nichts Neues. Welches ist der größte Feind der Religion? Doch wohl der Materialismus, weil dieser an nichts glaubt. Nun aber ist der Spiritismus die Negation des Materialismus, der damit alle Existenzberechtigung verliert. Nicht mehr auf Grund von Schlussfolgerung oder von blindem Glauben sagt man zum Materialisten: „Nicht alles endet mit dem Körper“, sondern die Tatsachen ergreifen selbst das Wort und übernehmen die augenscheinliche Beweisführung. Ist das ein kleiner Dienst, den er der Religion Leistet? Doch dies ist nicht alles. Die Gewissheit eines zukünftigen Lebens, die lebendigen Schilderungen desselben, die wir unseren heimgegangenen Freunden verdanken, zeigen uns, wie notwendig es ist, gut zu handeln, um den unvermeidlichen Folgen der Sünde zu entgehen. Aus diesem Grund trägt er wesentlich zur Pflege religiöser Ideen bei, ohne doch selbst Religion zu sein. Er entwickelt sie bei denen, wo sie schwach entwickelt sind. Die Religion findet demnach in ihm eine Stütze, freilich nicht für Leute mit eng begrenztem Gesichtsfeld, die das Wesentliche derselben in den Höllenstrafen und dergl. erblicken, und bei der Betrachtung des Buchstabens den Geist verlieren, wohl aber für die, die der Größe und Majestät Gottes entsprechend die Religion erfassen.

Mit einem Wort: der Spiritismus erweitert und erhebt die Ideen: er bekämpft die vom Egoismus, der Leidenschaft und dem Ehrgeiz erzeugten Missbräuche und wenn er auch zu unserem Seelenheil nicht unbedingt erforderlich ist, erleichtert er uns den Weg dahin, indem er unseren Schritt auf der Bahn der Tugend festigt. Welcher Mensch möchte übrigens die Behauptung aufrecht erhalten, dass ein Mangel an Orthodoxie in den Augen Gottes tadelswerter sei als Atheismus und Materialismus? Ich richte hiermit an alle die, welche den Spiritismus vom religiösen Standpunkt aus bekämpfen, folgende vier Fragen:

Erste Frage: Wer ist in jenem Leben schlimmer dran, der, welcher an nichts glaubt oder der, welcher die allgemeinen religiösen Wahrheiten glaubt, aber vom Dogma nur einige Teile anerkennt?

Zweite Frage: Sind Protestanten und Anhänger einer mit dem kirchlichen Dogma nicht zu vereinbarenden Lehre in derselben Weise verstoßen, wie Atheisten und Materialisten?

Dritte Frage: Ist der, welcher im strengsten Sinne des Wortes nicht als orthodox bezeichnet werden kann, dagegen Gutes tut, so viel in seiner Macht steht, gütig und nachsichtig gegen den Nächsten, treu in seinen gesellschaftlichen Beziehungen ist, seiner Seligkeit weniger sicher als der, welcher an alles glaubt, dagegen hartherzig und egoistisch ist und es an Nächstenliebe mangeln lässt?

Vierte Frage: Was steht in den Augen Gottes höher: Übung der christlichen Tugenden ohne die Übung der orthodoxen Pflichten, oder Übung der letzteren ohne Moral?

Dies ist meine Antwort auf die Fragen und Einwürfe, die Sie an mich gerichtet. Ohne irgendwelche vorgefasste Absicht, Sie für meine Ideen zu gewinnen und Ihre Überzeugung zu verändern, habe ich mich darauf beschränkt, Ihnen den Spiritismus unter seinem wirklichen Gesichtspunkt zu zeigen. Wären Sie nicht von selbst gekommen, würde ich Sie nicht aufgesucht haben. Ich meine damit nicht, dass wir uns aus Ihrer Zustimmung zu unseren Prinzipien nichts machen. Ganz im Gegenteil! Wir freuen uns über alle Erwerbungen, die wir machen und die für uns einen um so höheren Wert haben, je freier und ungezwungener die Zustimmungen erfolgen. Wir haben nicht nur kein Recht, irgendwen unter Zwang zu setzen, sondern wir würden uns geradezu daraus Gewissensbedenken machen, das Gewissen jemandes zu verwirren, der in treuem Festhalten an seinem religiösen Glauben sich beglückt fühlt. Der Spiritismus findet auf anderem Boden seine Ernte: auf dem Boden des Materialismus unserer Zeit.

Erstes Kapitel

Elementarbegriffe des Spiritismus

Vorbemerkung

Man befindet sich im Irrtum, wenn man glaubt, für Ungläubige einer gewissen Sorte genüge es, außerordentliche Phänomene zu sehen, um zur Überzeugung zu gelangen. Alle, welche von der Seele oder Geist im Menschen nichts wissen wollen, können selbstredend auch außerhalb des Menschen kein seelisches Prinzip annehmen. Folgerichtig leugnen sie mit der Ursache auch die Wirkung. So treten sie fast immer mit vorgefasster Meinung, mit der Absicht zu leugnen, heran, und schon dieser Umstand macht sie zu ernsthafter, unparteiischer Beobachtung untauglich. Sie stellen Fragen und machen Einwürfe, auf welche man auf der Stelle eine vollständig befriedigende Antwort deshalb nicht geben kann, weil man dann für jede Person eine spezielle Vorlesung halten und immer wieder von vorn anfangen müßte. Dagegen bietet ein vorangegangenes Studium den Vorteil, auf gewisse Einwendungen schon im Voraus zu antworten; Einwendungen, von denen die meisten auf Unkenntnis beruhen sowohl der Ursache der Phänomene sowie der Bedingungen, unter denen sie in Erscheinung treten.

Wer den Spritismus nicht kennt, bildet sich ein, man erziele spiritistische Phänomene etwa so, wie man physikalische und chemische Experimente macht. Daher die Anmaßung, sie vom individuellen Willen abhängig zu machen, daher die Weigerung, sich den für die Beobachtung erforderlichen Bedingungen zu unterwerfen. Da solche Leute prinzipiell von der Existenz und der Intervention der Geister nichts wissen wollen oder wenigstens Wesen und Aktionsmodus der Geister nicht kennen, so gebärden sie sich, als ob sie an der vernunftlosen, toten Materie operierten; und wenn sie dann das Gewünschte nicht erhalten, sind sie schnell mit dem Schluss bei der Hand, dass es keine Geister gibt.

Stellt man sich auf einen anderen Standpunkt, d.h. stellt man es sich nicht *a priori* in Abrede, dass die Geister die Seelen von Menschen sind, dass wir daher selbst auch einmal Geister sein werden, so wird man es begreiflich finden, dass die Geister nicht Lust haben, sich zum Spielzeug herzugeben, um die Launen Neugieriger zu befriedigen.

Obwohl es nun nicht außerhalb des Möglichkeitsbereiches liegt, gewisse Phänomene zu provozieren, insofern als diese auf willensfreie Intelligenzen zurückzuführen sind, und diese Intelligenzen uns manchmal gehorsam sein können, so stehen sie aus dem nämlichen Grunde nicht zur absolut sicheren Verfügung. Wer darauf pochen wollte, er könne sie nach seinem Willen erzielen, würde damit nur seine Unwissenheit oder Unredlichkeit beweisen. Man muss sie erwarten, im Geschehen erhaschen: denn oft stellen sich gerade in dem Augenblick, wo man am Wenigsten darauf gefasst ist, die interessantesten und beweiskräftigsten Tatsachen ein. Wer sich also ernstlich unterrichten will, muss hier, wie stets, Geduld und Ausdauer mitbringen und das tun, was erforderlich ist. Sonst tut er weit besser daran, sich gar nicht mit dem Spiritismus zu befassen.

Die Vereinigungen, in denen man sich mit spiritistischen Manifestationen abgibt, bieten nicht immer die besten Bedingungen, sei es, um befriedigende Resultate zu erzielen, sei es, um Überzeugung zu erwecken: manche dieser Vereinigungen sind leider von der Art, dass Ungläubige sie noch weniger überzeugt verlassen als sie es beim Eintritt waren, und solchen, welche von dem Ernst und der Würde des Spiritismus durchdrungen sind, die oft läppischen Vorkommnisse entgegenhalten, deren Zeugen sie gewesen sind. Allerdings sind solche Leute nicht logischer als die, die eine Kunst nach den Stümpereien eines Schülers, eine Person nach ihrer Karikatur, oder eine Tragödie nach ihrer Parodie beurteilen wollten. Auch der Spiritismus hat seine Schüler und seine Stümper. Wer sich über ihn aufklären lassen will, darf nähere Erkundigungen nicht bloß von einer Seite einziehen; nur nach vorausgegangener ernstlicher Prüfung und nach dem Vergleich der von verschiedenen Seiten eingeholten Erkundigungen darf er ein Urteil fällen.

Frivole Vereinigungen sind somit für Neulinge hochbedenklich, insofern sie diesen eine ganz falsche Ansicht vom Wesen des Spiritismus beibringen. Leute, die nur derartigen Sitzungen beigewohnt haben, können natürlich ein Ding nicht ernst nehmen, welches, wie sie mit eigenen Augen gesehen, die angeblichen Meister im Fache selbst mit Leichtfertigkeit behandeln. Ein vorausgegangenes Studium ist auch in diesem Falle von großem Nutzen; man entnimmt demselben, welche Tragweite das gesehene Phänomen hat und lernt aufgrund solcher Vorbereitungsstudien das Gute vom Schlechten unterscheiden.

Dasselbe mögen sich auch die gesagt sein lassen, die den Spiritismus nach exzentrischen Werken beurteilen, die natürlich nur eine unvollständige und lächerliche Idee von dieser neuen Wissenschaft geben können. Der echte und wahrhafte Spiritismus ist für die, welche ihn falsch erfassen oder missbräuchlich anwenden, ebensowenig verantwortlich, als die Poesie für Dichterlinge verantwortlich ist, welche schlechte Verse machen. Unangenehm ist es gewiss, dass solche Werke existieren: denn sie beeinträchtigen und schädigen die echte Wissenschaft; aber das größte Unrecht ist auf Seiten derer, die sich nicht die Mühe geben, alles ordentlich zu studieren, bevor sie mit einem abfälligen Urteil hervortreten. Sind doch alle Künste und Wissenschaften in derselben Lage. Gibt es nicht über die ernsthaftesten Dinge abgeschmackte, von Irrtümern strotzende Abhandlungen? Warum soll nun gerade der Spiritismus in dieser Beziehung, zumal bei seinem ersten Auftreten, besonders privilegiert sein? Wenn die Beurteiler desselben ihr Urteil nicht nach dem äußeren Schein fällten, würden sie wissen, was er für möglich annimmt und was er abweist, würden ihm nicht zur Last legen, was er selbst im Namen der gesunden Vernunft und des Experiments entrüstet ablehnt.

Die Geister

Die Geister bilden nicht, wie man sich des öfteren einbildet, ganz besondere Wesen für sich in der Schöpfung. Sie sind vielmehr die Seelen derer, die auf Erden oder auf anderen Himmelskörpern gelebt haben und ihrer körperlichen Hülle entkleidet sind. Jeder, der die Existenz der Seele annimmt, die den Körper überlebt, nimmt damit ganz von selbst die Existenz von Geistern an. Die Geister leugnen, heißt die Seele leugnen.

Im Allgemeinen macht man sich vom Zustand der Geister eine ganz falsche Vorstellung: es sind nicht, wie einige meinen, vage und unbestimmte Wesen, „Monaden", „Reale", noch gar Flammen und Irrlichter, noch „Gespenster", wie in den Spukgeschichten. Es sind Wesen, die uns ähneln, die, wie wir, einen Körper haben, der sich nur im normalen Zustand dadurch von dem unseren unterscheidet, dass er fluidisch und darum unsichtbar ist.

Solange die Seele während des materiellen Lebens mit dem Körper vereint ist, besitzt sie eine doppelte Hülle: die eine, schwer, grob und zerstörbar, ist der Körper; die andere, fluidisch, leicht und unzerstörbar, heißt Perispirit.

Sonach gibt es im Wesen des Menschen drei Teile:

1. **die Seele oder den Geist**, den Sitz der Individualität, des Intellekts, des Wollens und des Gemüts;
2. **den Körper**, die materielle Hülle, vermöge welcher der Geist mit der äußeren Welt in Beziehung steht;
3. **den Perispirit**, die fluidische Hülle, leicht, unwägbar und als vermittelndes Band zwischen Geist und Körper.

Sobald die äußere Hülle abgenutzt ist und nicht mehr funktionieren kann, fällt sie: der Geist entledigt sich ihrer wie die Frucht sich der Schale, der Baum der Rinde, die Schlange der Haut, kurz, wie man ein altes abgenutztes Kleid beiseite legt: dieser Vorgang ist das, was man im gewöhnlichen Leben Tod nennt.

Der Tod ist also nur die Zerstörung der materiellen Hülle, die Seele lässt diese Hülle fahren, wie der Schmetterling seine Puppe verlässt; aber sie bewahrt ihren fluidischen oder perispiritischen Körper.

Der Tod des Körpers befreit den Geist von der Hülle, die ihn an die Erde fesselte und ihn in den Leidensstand versetzte; einmal dieser Last entledigt, besitzt er nur noch seinen ätherischen Körper, der ihm gestattet, den Raum zu durcheilen und mit der Geschwindigkeit des Gedankens die Fernen zu durchmessen.

Die Vereinigung der Seele, der Seelenhülle (des Perispirits) und des materiellen Körpers bildet den Menschen; Seele und Seelenhülle, getrennt vom Körper, bilden den (individuellen) Geist.

Sonach ist die Seele ein einfaches, der Geist ein doppeltes und der Mensch ein dreifaches Wesen. Es wäre daher genauer, das Wort Seele ausschließlich für das intelligente Prinzip zu reservieren, und das Wort Geist für das halbmaterielle, aus diesem Prinzip und dem fluidischen Körper gebildete Wesen. Allein da man sich das intelligente Prinzip nicht von jeder Materie losgelöst, noch den Perispirit von dem intelligenten Prinzip frei denken kann, so werden im Sprachgebrauch des gewöhnlichen Lebens Seele und Geist unterschiedslos angewendet. Es ist die bekannte Synekdoche, wonach der Teil für das Ganze oder umgekehrt genommen wird; z.B. das und das Land hat eine Bevölkerungszahl von so und so vielen Seelen.

Die Geister bilden, soweit sie mit materiellen Körpern umkleidet sin, die Menschheit, die sichtbare Welt; soweit sie dieser Körper entkleidet sind, die geistige, unsichtbare Welt, welche den Raum bevölkert und in deren Mitte wir, ohne es zu ahnen, leben, gerade wie wir inmitten der Welt der unendlich Kleinen leben, deren Vorhandensein wir vor der Erfindung des Mikroskops ebensowenig vermuteten.

Die Geister sind also keine bloßen philosophischen Abstraktionen, sondern konkrete und in Dimensionen ausgedehnte Wesen, denen nur die Sichtbarkeit fehlt, um den menschlichen Wesen zu gleichen. Daraus folgt, dass, wenn in einem bestimmten Augenblick der Schleier, der sie unserem Anblick entzieht, gehoben werden könnte, sie für uns eine ganze, uns rundum umgebende Bevölkerung bilden würden.

Die Geister haben alle Wahrnehmungen, welche sie auf Erden hatten, nur diese viel intensiver, weil ihre Fähigkeiten durch die Materie keinerlei Schwächung mehr erfahren. Außerdem aber haben sie Empfindungen, die uns unbekannt sind. Sie sehen und hören Dinge, die unsere eng begrenzten Sinne uns weder zu sehen noch zu hören gestatten. Für sie gibt es keine Dunkelheit - abgesehen von denen, deren Strafe darin besteht, zeitweilig im Dunkeln zu sein - alle unsere Gedanken finden in ihnen ihren Widerklang. Sie lesen in ihnen, wie in einem offenen Buch, derart, dass wir sie ihnen weder verstecken noch verhehlen können, wie es Menschen untereinander tun. Dies Lesen der Gedanken ist auch das Kommunikationsmittel der Geister untereinander.

Geister gibt es überall: sie sind mitten unter uns, uns zur Seite, unaufhörlich uns umdrängend und beobachtend. Durch diese ihre unablässige Gegenwart unter uns sind sie das Agens verschiedener Erscheinungen. Sie spielen eine gar wichtige Rolle in der moralichen, ja bis zu einem gewissen Punkt auch in der physischen Welt; kurz, sie stellen uns eine der wesentlichsten Naturkräfte dar.

Sobald man das Überleben der Seele oder des Geistes festsetzt, ist es einfache logische Folgerung, auch das Überleben der Liebe, Zuneigung usw. anzunehmen. Sonst wären die Seelen unserer Eltern und Freunde für uns auf ewig verloren.

Da die Geister sich überall hin begeben können, ist es ebenfalls nur eine weitere logische Folgerung, dass die, welche uns während unseres irdischen Lebens geliebt haben und uns auch nach ihrem Tode weiter lieben, zu uns kommen, sich mit uns in Verbindung zu setzen wünschen und sich dazu der Mittel bedienen, die zu ihrer Verfügung stehen. Die Erfahrung bestätigt dies.

In der Tat wird auf diesem Wege bewiesen, dass die Geister wahre und innige Gefühle der Zuneigung, die sie auf Erden den Ihren entgegenbrachten, bewahren, dass es ihnen Freude macht, zu ihren Lieben zurückzukehren, zumal wenn sie durch ein treues Gedenken und durch Erwiderung ihrer zärtlichen Gefühle herangezogen werden. Dagegen sind sie denen gegenüber gleichgültig, die auch für sie nur Gefühle der Gleichgültigkeit hegen.

Zweck des Spiritismus ist der Nachweis von der Tatsächlichkeit der Kundgebung der Geister, das Studium ihrer Eigenschaften, ihrer glücklichen oder unglücklichen Lage, sowie ihrer zukünftigen Bestimmung, mit einem Wort, die Kenntnis der geistigen Welt. Auf der unerschütterlichen Basis dieser Kundgebungen baut sich der unwiderlegbare Beweis auf von der Existenz der Seele, ihrem Weiterleben nach dem physischen Tode, ihrer Individualität nach dem Tode, also der Beweis der persönlichen Unsterblichkeit.

Ein ganz allgemein unter den Laien verbreiteter Irrtum ist die Meinung, dass die Geister aus dem einzigen Grund, weil sie von dem Materiellen befreit sind, alles wissen und die höchste Weisheit besitzen müßten. Dies ist ein schwerer Irrtum. Da die Geister nur die Seelen der Menschen sind, sind sie beim Ablegen ihrer körperlichen Hülle noch mit den menschlichen Mängeln behaftet, also von der Vollkommenheit weit entfernt. Der Fortschritt des Geistes vollzieht sich im Laufe der Zeit, und erst allmählich befreit er sich von seinen Unvollkommenheiten, erlangt er die Kenntnisse und Vollkommenheiten, welche ihm noch mangeln. Auch wäre es in der Tat doch ganz unlogisch, wollte man annehmen, dass der Geist eines Wilden oder eines Verbrechers mit einem Mal gelehrt und tugendhaft wird, ebenso als es mit der göttlichen Gerechtigkeit unvereinbar wäre, wollte man glauben, er verbliebe fortwährend in seiner intellektuellen oder sittlichen Niedrigkeit.

Wie es Menschen von allen Graden des Wissens und der Unwissenheit, der Güte und der Schlechtigkeit gibt, so ist dies auch bei den Geistern der Fall. Manche unter ihnen sind nur leichtsinnig und mutwillig, andere lügenhaft, zu Schelmenstreichen aufgelegt, heuchlerisch, bösartig, rachsüchtig. Andere wiederum besitzen die erhabensten Tugenden und ein das Maß des Irdischen überschreitendes Wissen. Diese Verschiedenheit in den Eigenschaften der Geister ist ein Punkt, der eine ganz besondere Beachtung beansprucht, denn er erklärt in natürlicher und ungezwungener Weise gewisse Differenzen bezüglich des Inhalts medialer Mitteilungen. Hier die nötigen Unterscheidungen zu machen und ein strenge, gewissenhafte Kritik zu üben, muss dringendste Sorge sein.

Wenn man nun die Existenz, das Weiterleben und die Individualität der Seele als feststehend gelten lässt, so reduziert sich der ganze Spiritismus auf eine einzige Hauptfrage: Sind Mitteilungen zwischen den Seelen und den Lebenden möglich? Diese Möglichkeit ist erfahrungsgemäß außer Zweifel gestellt. Die Tatsache, dass Beziehungen zwischen der sichtbaren und der unsichtbaren Welt bestehen und geknüpft werden können, das Wesen, die Ursache und die Modalität dieser Beziehungen, dies alles bildet ein neues Feld für wissenschaftliche Beobachtung und gibt den Schlüssel zur Lösung einer ganzen Menge von Problemen. Gleichzeitig gewinnen wir damit einen mächtigen Hebel für die Sittlichkeit, die durch den materialistischen Zweifel an dem Fortleben der Seele nach dem Tode wesentliche Beeinträchtigung erfährt.

Viele können sich die Möglichkeit, dass wir Mitteilungen vom Jenseits des Grabes erhalten können, deshalb nicht vorstellen, weil sie sich eine ganz falsche Vorstellung vom Zustand der Seele nach dem Tode machen. Man denkt sie sich kurioserweise als einen Hauch, einen gestaltlosen Dunst, etwas Unbestimmtes, kaum durch Denken Erfassbares, was sich verflüchtigt, man weiß nicht wohin, aber jedenfalls so weit weg, dass man sich eine Rückkehr auf die Erde nur schwer vorstellen kann. Betrachtet man sie hingegen in ihrer Verbindung mit einem fluidischen, halbmateriellen Körper, mit dem sie ein konkretes, individuelles Wesen bildet, so haben ihre Beziehungen mit den Lebenden nichts mit der Vernunft Unverträgliches.

Eine weitere Folge aus Gesagtem ist, dass es, seit es Menschen gibt, auch Geister gegeben haben muss und dass, wenn letztgenannte die Fähigkeit haben, sich kundzutun, sie dies sicher in allen Zeiten und bei allen Völkern getan haben werden. Indessen haben allerdings in den letzten Zeiten die Kundgebungen der Geister einen ungewöhnlichen Grad der Entfaltung erreicht, haben einen schärfer markierten Charakter der Authentizität erlangt, jedenfalls weil es den Plänen der Vorsehung entsprach, den Seelen beim Verlassen ihrer irdischen Hülle zu gestatten, ihre Weiterexistenz zu dokumentieren und uns ihre glückliche oder unglückliche Lage zu enthüllen, um auf diese Weise durch augenscheinliche Beweise dem weiteren Umsichgreifen des Unglaubens und des Materialismus zu begegnen.

Die Beziehungen zwischen der sichtbaren und der unsichtbaren Welt können verborgen oder offen, spontan oder hervorgerufen sein.

Die Geister wirken in verborgener Weise auf die Menschen durch die Gedanken ein, die sie ihnen „einblasen“, inspirieren und durch gewisse anderweitige Einflüsse; in offener Weise durch sinnlich wahrnehmbare Wirkungen.

Die spontanen Kundgebungen finden gegen alles Erwarten und Vermuten statt; sie erfolgen oft bei Personen, die den spiritistischen Ideen ganz fremd gegenüberstehen und die in ihrem Unvermögen, sich von ihnen Rechenschaft zu geben, sie übernatürlichen Ursachen zuzuschreiben pflegen. Die hervorgerufenen Kundgebungen endlich erfolgen durch Vermittlung gewisser Personen, die hierzu mit besonderen natürlichen Fähigkeiten ausgestattet sind. Diese sind die so genannten Medien oder Vermittler.

Die Geister vermögen sich in verschiedenster Weise mitzuteilen: durch das Gesicht, Gehör, Gefühl, durch Geräusche, Bewegung von Körpern, Schrift, Zeichnung, Musik usw. Manchmal geben sich die Geister spontan durch Geräusche und Klopftöne kund. Es ist dies öfters ein Mittel für sie, ihre Gegenwart zu bezeugen und die Aufmerksamkeit auf sich zu lenken, gerade wie wenn jemand an die Tür klopft, um damit auf seine Gegenwart aufmerksam zu machen. Es gibt auch solche, die sich nicht auf einen mäßigen Lärm beschränken, sondern ein Spektakel vorführen, als ob Schüsseln und Teller zerbrochen, Türen auf- und zugemacht oder Möbelstücke umgestürzt werden. Manche endlich verursachen einen tatsächlichen Wirrwarr und wirkliche Sachbeschädigungen. Verbürgte Beispiele könnten in Hülle und Fülle angeführt werden.

Der Perispirit, obwohl im normalen Zustand für uns unerkennbar, ist darum nicht weniger eine Materie und zwar eine ätherische. In gewissen Fällen vermag der Geist ihr unterschiedliche Erscheinungsformen zu verleihen, die ihn sichtbar, ja sogar fühlbar machen. So entstehen die Geistererscheinungen. Dieses Phänomen ist nicht merkwürdiger als der Wasserdampf, welcher für gewöhnlich unsichtbar ist, dagegen in kondensiertem Zustand sichtbar wird.

Geister, welche sich sichtbar machen, stellen sich allgemein in der äußerlichen Erscheinung dar, die ihnen zu Lebzeiten eigen war und die sie sofort wieder kenntlich macht.

Das fortwährende Geistersehen ist eine außerordentlich seltene Begabung, aber vereinzelte Geistererscheinungen sind sehr gewöhnlich, namentlich im Augenblick des Todes: der freigewordene Geist scheint sich gewissermaßen zu beeilen, seine Verwandten und Freunde aufzusuchen, um ihnen die Kunde zu bringen, dass er noch lebt. Jeder möge einmal im Buch seiner Erinnerung blättern: man wird bald sehen, wie viele authentische Tatsachen dieser Art, über die man sich keine Rechenschaft zu geben vermochte , sich nicht allein in der Nacht während des Schlafes, sondern auch am hellen, lichten Tage und im Zustand des Wachens zugetragen haben. Ehedem betrachtete man solche Tatsachen als übernatürliche und wunderbare und schob sie auf Rechnung der Magie und Zauberei; heutigen Tags hält man sie für Produkte der Einbildungskraft. Doch seitdem die spiritistische Wissenschaft den Schlüssel zu ihrer Erklärung gegeben hat, weiß man, was es damit für eine Bewandtnis hat und dass sie keineswegs aus dem Kreise natürlicher Geschehnisse heraustreten.

Mit Hilfe seines Perispirits wirkte der Geist auf seinen lebenden Körper: vermittels desselben Fluids manifestiert er sich, indem er auf die träge Materie wirkt. So entstehen die Geräusche, die Bewegungen von Tischen und anderen Gegenständen, welche gehoben, umgestürzt und von der Stelle geschafft werden. Diese Erscheinungen haben nichts überraschendes, wenn man bedenkt, dass auch bei uns die mächtigsten Antriebe sich in den feinsten, unsichtbaren, ja sogar in unwägbaren Fluiden: Luft, Dampf, Elektrizität, vorfinden.

Ebenso lässt der Geist vermittels seines Perispirits die Medien schreiben, sprechen oder zeichnen; da er selbst keinen greifbaren Körper hat, um sichtbare

Wirkungen hervorzubringen, so bedient er sich, wenn er sich kundgeben will, des Körpers des Mediums, dessen Organe er gewissermaßen borgt, um mit ihnen, wie mit seinen eigenen zu agieren. Es geschieht dies durch die fluidische Ausströmung, die er auf den Körper des Mediums richtet.

Bei den Phänomenen des Tischrückens und Tischklopfens wirkt der Geist durch das nämliche Mittel auf den Tisch, entweder um ihn ohne bestimmte Bedeutung Bewegungen ausführen zu lassen, oder aber um mit ihm oder in ihm Klopftöne hervorzubringen, mit denen er die Buchstaben des Alphabetes bezeichnet, um Worte und Sätze zu bilden, eine Erscheinung, die man auch mit dem griechischen Wort Typtologie bezeichnet. Hier ist der Tisch nur ein Instrument, dessen er sich bedient, wie er sich des Bleistiftes bedient, um zu schreiben: er gibt ihm durch das Fluid, mit dem er ihn durchdringt, eine augenblickliche Vitalität oder Lebenskraft, keineswegs aber identifiziert er sich mit ihm. Leute, welche angesichts einer Kundgebung eines ihnen teuren Wesens den Tisch umarmen, begehen einen lächerlichen Akt, ebenso solche, welche den Tisch anreden, gleich als ob der Geist im Holze stecke oder das Holz Geist geworden wäre.

Wenn auf diesem Wege Mitteilungen stattfinden, so darf man sich den Geist nicht etwa im Tische sondern zur Seite desselben vorstellen, so wie er zu seinen Lebzeiten war und wie man ihn sehen würde, wenn er in diesem Augenblicke sich sichtbar machen könnte. Dasselbe findet bei den Mitteilungen durch Schrift statt. Man würde dann den Geist zur Seite des Mediums erblikken, dessen Hand dirigierend oder ihm durch den fluidischen Strom seine Gedanken übermittelnd.

Wenn der Tisch sich vom Boden frei macht und ohne Stützpunkt im Raume schwebt, so erhebt ihn der Geist nicht etwa durch seine Arme, sondern umhüllt und durchdringt ihn mit einer Art fluidischer Atmosphäre, welche die Wirkung der Gravitation auf Zeit aufhebt, wie es die Luft bei den Luftballons und den Papierdrachen tut. Das Fluidum, von dem er durchtränkt wird, gibt ihm für Augenblicke ein geringeres spezifisches Gewicht. Wenn er am Boden festgehalten wird, so befindet er sich in analogem Falle wie die Luftpumpe, unter welcher man einen luftleeren Raum hergestellt hat. Es sind dies alles nur Vergleiche, um die Analogie der Wirkungen und nicht die vollständige Ähnlichkeit er Vorgänge anzudeuten.

Verfolgt der Tisch jemanden, so ist es nicht der Geist, welcher läuft, denn derselbe kann ruhig an demselben Platz bleiben, wohl aber ist es der Geist, der den Tisch durch den fluidischen Strom vorwärts treibt: auf diese Weise kann er ihn ganz nach seinem Belieben allerlei Bewegungen machen lassen. Lassen sich im Tische oder an anderen Stellen des Zimmers, z.B. in den Wänden Klopftöne hören, so klopft der Geist weder mit der Hand, noch sonst einem Gegenstand, sondern er richtet gegen den Punkt, von dem der Ton ausgeht, gewissermaßen einen fluidischen Strahl, welcher die Wirkung eines elektrischen Schlages hervorbringt. Er vermag dabei den Klopftönen gewisse Modifikationen zu erteilen, gerade wie man die von der Luft hervorgebrachten Töne modifizieren kann.

Hiernach ist es - das Vorhandensein der nötigen medialen Kraft vorausgesetzt - offenbar für den Geist ebenso leicht, eine Person zu heben und ein Stück davonzutragen, als einen Tisch zu schieben oder sonst einen Gegenstand von einer Stelle zur anderen zu transportieren, bzw. irgend wohin zu werfen. Diese Phänomene beruhen sämtlich auf demselben Gesetz.

Es ergibt sich aus dieser kurzen Betrachtung, dass die spiritistischen Manifestationen, welcher Art sie auch sein mögen, nichts Übernatürliches oder Wunderbares an sich haben. Es sind Erscheinungen, die kraft eines Gesetzes zutage treten, welches die Beziehungen zwischen der sichtbaren und der unsichtbaren Welt regelt, also kraft eines ebenso natürlichen Gesetzes, als die Gesetze der Elektrizität, Gravitation usw. sind. Der Spiritismus ist die Wissenschaft, welche uns dieses Gesetz enthüllt, wie die Mechanik uns über das Gesetz der Bewegung, die Optik über das Gesetz des Lichtes Aufschluss gibt. Die spiritistischen Erscheinungen sind, als in der Natur begründet, zu allen Zeiten vorgekommen; jetzt, wo das ihnen zugrunde liegende Gesetz erforscht ist, finden wir mit Hilfe desselben eine Lösung für eine ganze Menge von Problemen, welche bisher für unlösbar galten. Damit haben wir auch den Schlüssel zu vielen Phänomenen, die bisher der Aberglaube ausgebeutet und übertrieben hat.

Da das Wunderbare hierbei vollständig außer dem Spiel bleibt, bieten diese Phänomene nichts, was der Vernunft widerstrebt; sie stehen neben den übrigen Naturerscheinungen. In den Zeiten der Unwissenheit wurden alle Wirkungen, deren Ursache man nicht kannte, als übernatürlich angesehen. Die Entdeckungen der Wissenschaft haben nach und nach den Kreis des Wunderbaren eingeengt. Die Erkenntnis dieses neuen Gesetzes hat es nunmehr auf Null reduziert. Leute also, die gegen den Spiritismus die Anklage erheben, er wecke das Wunderbare wieder auf, beweisen damit, dass sie über etwas reden, was sie gar nicht verstehen.

Die Kundgebungen der Geister sind doppelter Art: physische Wirkungen und intelligente Mitteilungen. Die ersteren sind die materiellen, deutlich wahrnehmbaren Phänomene, wie Bewegungen, Geräusche, Transporte und Überbringungen von Gegenständen usw. Die anderen bestehen in regelrechtem Gedankenaustausch mittels Zeichen, Wort und besonders Schrift. Als eine dritte für sich bestehende Klasse hat man die so genannten Materialisationen anzusehen, d.h. die Bildung von greifbaren menschlichen Gliedmaßen und ganzen menschlichen Gestalten, in welcher Manifestationsweise die Geister durch englische und amerikanische Medien neuerdings Erstaunliches leisten. Nur gilt von diesen Phänomenen das, was wir bereits früher erwähnt haben, ganz besonders.

Die Mitteilungen, welche man von den Geistern erhält, können gute oder schlechte, richtige oder falsche, tiefsinnige oder oberflächliche, je nach der Natur der sich manifestierenden Geister sein. Die, aus denen Weisheit und Wissen zugleich sprechen, rühren von fortgeschrittenen Geistern her; solche, welche Unwissenheit und schlechte Eigenschaften verraten, sind auf Geister zurückzuführen, welche in ihrer Entwicklung zurückgeblieben sind, bei denen sich jedoch mit der Zeit der Fortschritt vollziehen wird.

Die Geister können nur auf das Antwort geben, was sie je nach ihrem intellektuellen Stand wissen und ferner nur auf das, was sie sagen dürfen. Denn es gibt Dinge, deren Enthüllung ihnen versagt ist, weil uns ein vollständiges Wissen dessen, was unser jenseits des Grabes wartet, vorläufig noch nicht vergönnt ist.

Aus der Verschiedenheit der Eigenschaften und Fähigkeiten, welche die verschiedenen Geister besitzen, ergibt sich, dass es nicht genügt, sich an den ersten besten Geist zu wenden, um auf jede Frage eine richtige Antwort zu erhalten: denn über gar vieles vermag der betreffende Geist nur seine persönliche Ansicht mitzuteilen, die richtig oder falsch sein kann. Ist er vorsichtig und verständig, wird er sein Nichtwissen ohne weiteres zugeben; ist er dagegen leichtfertig und lügenhaft, so wird er auf alles eine Antwort bereit haben, ohne sich sonderlich um die Wahrheit zu kümmern; ist er dünkelhaft, so wird er seine Gedanken als unumstößliche Wahrheit zum besten geben. Darum heißt es bedeutungsvoll in der Schrift: „Glaubet nicht jeglichem Geiste, sondern erforschet, ob die Geister von Gott sind." Die Erfahrung lehrt, wie weise dieser Rat ist. Es wäre ein Zeichen von Unklugheit und Leichtfertigkeit, wollte man alles, was von den Geistern kommt, ohne Kontrolle annehmen. Es ist darum wesentlich, über die Natur der Geister, mit denen man es zu tun hat, genau unterrichtet zu sein.

Vor allem erkennt man an der Ausdrucksweise die Qualität der Geister; die Sprache der wahrhaft guten, höheren Geister ist immer würdig, edel, logisch und frei von Widersprüchen. Sie atmet Weisheit, Wohlwollen, Bescheidenheit und die reinste Moral; sie ist gedrungen, bündig und macht keine überflüssigen Worte. Bei den niederen, unwissenden und hochmütigen Geistern wird die Ideenlehre fast immer durch Wortfülle ersetzt. Jeder offenbar falsche Gedanke, jeder einer gesunden Moral zuwiderlaufende Grundsatz, jeder lächerliche Rat, jede grobe Ausdrucksweise, jede triviale oder frivole Wendung, kurz jedes Zeichen von Übelwollen, Dünkel oder Anmaßung sind unbestreitbare Zeichen der Minderwertigkeit auf sittlichem Gebiet.

Die niedrig stehenden Geister sind mehr oder weniger unwissend. Ihr sittlicher Horizont ist beschränkt, ihr Scharfsinn nicht weittragend. Sie haben von den Dingen oft nur eine falsche, unvollständige Vorstellung. Zudem stehen sie noch unter dem Einfluss der irdischen Vorurteile, die sie nicht selten für Wahrheit nehmen. Sie sind darum auch unfähig, gewisse Fragen zu beantworten und können uns in Bezug auf das, was sie selbst nicht begreifen, absichtlich oder unabsichtlich irre führen. Doch sind die Geister darum, weil sie niedere sind, nicht auch notwendig böse; es gibt auch solche, die nur unwissend und leichtsinnig sind. Auch finden sich witzige, geistreiche, scherzliebende, solche, welchen der feine sowie der bissige und ätzende Humor zur Verfügung steht. Kurz, es zeigen sich in der geistigen Welt alle Arten von Verkehrtheiten, wie auch alle Stufen intellektueller und moralischer Höhe.

Höhere Geister geben sich, sobald sie unsere Belehrung beabsichtigen, nur mit intelligenten Mitteilungen ab. Die physikalischen oder rein materiellen Kundgebungen sind ganz besonders Sache niedriger Geister - gewöhnlich Klopfgeister genannt - gerade wie bei uns Kraftstücke Sache der Clowns und Spaßmacher aber nicht der Gelehrten sind.

Es bedarf wohl für Leser, die Kopf und Herz auf dem rechten Fleck haben, kaum des Hinweises darauf, dass unser Verhalten im Verkehr mit Geistern ein angemessen ruhiges, ernstes und würdiges sein soll. Frivole und leichtfertige Versammlungen versündigen sich. Möchten doch solche, die an ihnen teilnehmen, daran denken, dass sie selbst über kurz oder lang der geistigen Welt angehören und dann ein derartiges Verhalten sich gegenüber höchst übelnehmen würden.

Ein anderer, gleich wesentlicher und wohl zu beachtender Punkt ist der, dass die Geister freien Willen haben, d.h. dass sie sich mitteilen, wann sie wollen und wem sie wollen. Außerdem können sie es auch nicht zu jeder Zeit tun, weil sie gewisse Beschäftigungen haben. Sie stehen den Befehlen und Launen keines Menschen zur Verfügung. Niemand hat die Macht, sie gegen ihren Willen kommen oder über Dinge, die sie verschweigen wollen, Rede stehen zu lassen. Es kann darum kein Mensch behaupten, dass irgendein Geist für einen bestimmten Augenblick seinem Anruf entsprechen, oder auf die und die Frage antworten werde. Wer das Gegenteil von sich behauptet, dokumentiert seine absolute Unkenntnis in den Elementargrundsätzen des Spiritismus. Unfehlbare Quellen hat nur der Schwindler.

Die Geister werden durch Sympathie, Ähnlichkeit der Neigungen und Charaktere und durch die jeweilige Absicht, die ihre Gegenwart wünschenswert macht, angezogen. Höhere Geister gehen ebensowenig in die Gesellschaft oberflächlicher Köpfe, als etwa ein ernster Gelehrter in die Zusammenkünfte junger, leichtsinniger Burschen gehen würde. Der einfache, gesunde Menschenverstand sagt schon, dass es so sein muss. Sollten sie sich wirklich ein oder das andere Mal entschließen, hinzugehen, so geschieht es, um einen guten, heilsamen Rat zu geben, lasterhafte Neigungen zu bekämpfen und die wohlwollende Stimme der Warnung zu erheben. Finden sie kein Gehör, so ziehen sie sich alsbald zurück. Man würde in einem gründlichen Irrtum befangen sein, wollte man glauben, ernsthaftere Geister könnten einen Gefallen darin finden, auf Nichtigkeiten und müßige Fragen zu antworten, die weder Zuneigung noch Hochachtung, noch einen wirklichen Wissensdrang bekunden. Noch weniger geben sie sich natürlich zur Belustigung Neugieriger her. Wie sie dies zu ihren Lebzeiten nun und nimmermehr getan hätten, werden sie es wohl auch nach ihrem Tode nicht tun.

Mangel an sittlichem Ernst in spiritistischen Zusammenkünften zieht leichtfertige Geister herbei, die jede Gelegenheit benutzen, um zu täuschen und zu mystifizieren. Derselbe Grund, welcher gesetzte und ernste Personen von leichtfertigen Vereinigungen fernhält, veranlasst ernsthafte Geister, nur in ernsthafte Vereinigungen zu gehen, d.h. in solche, deren Zweck Belehrung und nicht Befriedigung der Neugierde ist. Hier aber geben höhere Geister gern und bereitwillig ihre Lehren.

Aus Vorangegangenem ergibt sich, dass jede spiritistische Vereinigung, wenn sie wirklichen Nutzen stiften soll, vor allen Dingen ernst und gesammelt sein muss, dass ein von ehrfurchtsvoller Scheu und religiöser Gesinnung getragenes, würdevolles Benehmen der herrschende Ton sein soll, wenn man mit voller Sicherheit auf die Unterstützung guter Geister rechnen will. Man vergesse ja nicht, dass, wenn diese nämlichen Geister sich zu Lebzeiten eingefunden hätten, man ihnen alle mögliche hochachtungsvolle Rücksicht erwiesen hätte, auf welche sie als körperlose Intelligenzen ein nur noch größeres Recht haben. Mit Unrecht macht man geltend, es könnten doch auch solche von Neugierigen besuchte, mehr leichtfertige und amüsante Vereinigungen Nutzen stiften, indem sie Ungläubige überzeugen. Man erreicht damit gerade das Gegenteil von dem, was man beabsichtigt. Der Ungläubige, der sowieso geneigt ist, die ehrwürdigsten Glaubenssatzungen zu verspotten, kann unmöglich in dem, was alle scherzhaft behandeln, etwas Ernsthaftes finden. Er kann unmöglich sich gedrängt fühlen, dem hochachtungsvoll zu begegnen, was man ihm mit so wenig Hochachtung entgegenbringt; und so nimmt er aus leichtfertigen und leichtsinnigen Vereinigungen, wo weder Ordnung noch Sammlung herrschen, stets einen üblen Eindruck mit. Die Möglichkeit, sich zu überzeugen, beruht für ihn besonders auf der Gegenwart von Wesen, deren Andenken ihm lieb und wert ist

Vor ihren ernsten und feierlichen Worten, vor ihren geheimsten Enthüllungen kann man ihn erschüttert und erbleichen sehen. Allein, je größer die Hochachtung, Verehrung und Zuneigung ist, die er für die Person hegt, deren Seele sich ihm darstellt, umso betroffener und entrüsteter ist er, wenn er sie in einer Versammlung finden muss, wo für Würde und Ernst keine Stätte ist, mitten unter tanzenden Tischen und den Spötteleien leichtfertiger Geister. Mag er noch so ungläubig sein, sein Bewusstsein weist diese Vereinigung von Ernst und Leichtfertigkeit, von Religiösem und Weltlichem zurück, und darum ist trotz der überzeugendsten Manifestation dies alles in seinen Augen nichtige Gaukelei; so entfernt er sich bitter enttäuscht und noch ungläubiger, als er gekommen.

Der Schaden, den derartige Vereinigungen stiften, ist stets größer als ihr Nutzen. Sie entfremden der Lehre mehr als sie ihr zuführen, ganz davon zu schweigen, dass sie der Kritik der Widersacher eine Blöße bieten und diesen den begründetsten Anlass zu Spöttereien geben.

Sehr mit Unrecht macht man ferner aus den physikalischen Manifestationen eine Art von Gesellschaftsspiel. Haben sie auch nicht die Wichtigkeit philosophischer Unterweisung, so haben sie doch als spiritistische Phänomene schlechthin für die neue Wissenschaft den höchsten Nutzen. Sind sie doch das ABC dieser Wissenschaft, die auf diesem Wege überhaupt erst erschlossen worden ist. Obschon heutzutage weniger notwendig, tragen sie bei gewissen Personen doch zur Erweckung der Überzeugung wesentlich bei. Allein sie schließen keineswegs Ordnung und anständige Haltung in den Vereinigungen aus, wo man mit ihnen experimentiert. Würden sie hier immer in schicklicher Weise vorgeführt, so würden sie noch leichter zur Überzeugung führen, würden in jeder Beziehung günstigere Resultate erzielen.

Weiter machen sich viele eine ganz falsche Vorstellung von der Evokation oder der Anrufung. Viele denken, sie bestehe darin, dass man die Toten mit der ganzen Trauerausstattung aus dem Grabe hervorruft. Das Wenige, was wir über diesen Punkt gesagt haben, wird das Irrige dieser Vorstellung bereits dargelegt haben. Nur in Romanen, phantastischen Gespenstergeschichten und im Theater sieht man abgezehrte Totengerippe aus der Gruft hervortreten und ins Leichentuch gemummt, mit klapperndem Gebein einherschreiten. Der Spiritismus, der nie Wunder getan, hat ebensowenig dieses Wunder vollbracht: liegt der Körper in der Grube, so liegt er definitiv darin: das geistige, fluidische, intelligente Prinzip jedoch ist nicht zugleich mit seiner groben Hülle hineingelegt worden, sondern hat sich im Augenblick des Todes von ihr getrennt. Sobald diese Trennung einmal vollzogen ist, hat der Geist mit ihr nichts mehr gemein. Der böswilligen Kritik ist es ein ganz besonderes Vergnügen gewesen, sich die spiritistischen Mitteilungen als mit den lächerlichsten und abergläubischsten Gebräuchen und Zeremonien der Magie und Totenbeschwörung umgeben zu denken. Hätten solche Leute, die ohne alle Kenntnis vom Spiritismus reden, sich die Mühe gemacht, das, wovon sie sprechen wollen, zu studieren, so hätten sie sich den Aufwand an Einbildung und haltlosen Behauptungen ersparen können, die nur dazu dienen, ihre Unwissenheit und ihr böses Wollen in ein grelles Licht zu stellen. Zur Aufklärung für solche, die der spiritistischen Wissenschaft fern stehen, sei hier nur so viel gesagt, dass zur Entgegennahme von Geistermitteilungen weder bestimmte Tage, noch bestimmte Stunden, noch endlich bestimmte Orte besonders geeignet sind, dass man bei der Anrufung weder sakramentale noch kabbalistische Formeln oder Worte anwendet, dass es überhaupt keiner Vorbereitung oder Weihe bedarf und dass die Anwendung von Zeichen oder materiellen Gegenständen, um Geister anzuziehen oder zu verscheuchen, absolut wirkungslos ist. Es genügt schon der bloße, lebhafte Gedanke: die Schreibmedien speziell erhalten ihre Mitteilungen ebenso einfach und natürlich, als wenn sie von einer lebenden Person diktiert würden, ohne dass hierbei nur im Mindesten ein Heraustreten aus dem normalen Zustand stattfände. Wo exzentrische Gewohnheiten und lächerliche Beigaben geliebt werden, da hat, dessen kann man versichert sein, der Schwindel seine Stätte aufgeschlagen.

In welcher Stimmung und Gesinnung die Anrufung zu erfolgen hat, lehrt das einem jeden guten Menschen angeborene Schicklichkeitsgefühl: diesem Gefühl möge jeder getrost folgen; es wird ihn nicht täuschen, im besonderen ihm aber sagen, dass jede Anrufung mit einem Aufblick zum Höchsten erfolgen soll.

Der von der Vorsehung bestimmte Zweck der spiritistischen Kundgebungen - denn ein solcher ist unbedingt als vorhanden anzunehmen - ist, die feste Überzeugung zu erwecken, dass für den Menschen mit dem irdischen Leben nicht alles endet und den Gläubigen über ihre Zukunft nach dem Tode richtigere Vorstellungen zu geben als man gewöhnlich unter ihnen findet. Die guten

Geister kommen und unterrichten uns zu diesem Zweck, sowie zum Zweck unserer Besserung

und individuellen geistigen Förderung, nicht aber etwa, um uns Dinge zu enthüllen, die wir noch nicht wissen sollen oder durch eigene Arbeit finden können. Genügte es, die Geister zu befragen, um die Lösung aller wissenschaftlichen Probleme zu erhalten oder nutzbringende Entdeckungen und Erfindungen zu machen, so könnte jeder Ignorant auf billige Manier ein Gelehrter werden und jeder Faulenzer Schätze des Wissens sammeln. Dies liegt nicht in den göttlichen Intentionen. Allerdings unterstützen die Geister den Mann von Genie durch verborgene Inspiration oder Gedankeneingebung, entheben ihn damit aber nicht der Arbeit und der Forschung, um sein Verdienst beim Werk nicht zu schmälern.

In einem groben Irrtum wäre der befangen, der in ihnen Gehilfen der Wahrsagerei sehen wollte. Ernste Geister weisen jede Beschäftigung mit solchen seichten und gehaltlosen Dingen ab. Leichtfertige und spottlustige Geister antworten auf alles, sagen alles voraus, was man will, ohne sich um die Wahrheit zu kümmern und machen sich ein böswilliges Vergnügen daraus, allzu leichtgläubige Menschen zu mystifizieren. Es ist darum auch wesentlich, dass man sich über die Beschaffenheit der an Geister zu richtenden Fragen feste Grundsätze bildet. (Empfohlen sei das Studium des Buches von Hans Arnold: „Wie errichtet und leitet man spiritistische Zirkel in der Familie?", Max Spohr Verlag, Leipzig)

Außerhalb des Kreises alles dessen, was den sittlichen Fortschritt unterstützen kann, gibt es in etwaigen privaten Enthüllungen der Geister nichts als Ungewissheit. Die erste unangenehme Folge für den, der seine Begabung von ihrem von der Vorsehung bestimmten Zweck abwendet, ist die, dass er von Trug-Geistern gefoppt wird, die in Unmassen die Menschen umgeben; die zweite, dass er unter die Herrschaft dieser nämlichen Geister fällt, die durch arglistige Ratschläge wirkliche und materielle Nachteile schon auf Erden herbeiführen; die dritte ist, dass er nach seinem Erdenleben der Früchte verloren geht, die die Kenntnis des Spiritismus ihm sonst gesichert hätte.

Also nochmals! Die intellektuellen Kundgebungen aus dem Jenseits sind keinesfalls dazu da, um materielle Interessen zu stützen. Ihr Nutzen liegt in den sittlichen Folgen, sie sich aus ihnen ergeben. Aber wenn sie selbst weiter nichts erzielten, als dass sie uns die Kenntnisse eines neuen Naturgesetzes vermitteln, den tatsächlichen Beweis vom Vorhandensein der Seele erbrächten und die Unsterblichkeit derselben zeigten, so wäre dies schon viel; es wäre eine breite, neue Straße, die sich der Philosophie eröffnete.

Die Medien oder Vermittler

Die Medien bieten bezüglich ihrer besonderen Fähigkeiten zahlreiche Abarten: diese besondere Veranlagung macht sie mehr oder minder zur Erlangung bestimmter Erscheinungen oder bestimmter Arten von Geistermitteilungen fähig. Je nach diesen besonderen Fähigkeiten teilt man sie ein in Medien – für physikalische Wirkungen, – für Materialisationen, – für vernünftige, intelligente Mitteilungen, – Sehmedien, – Sprechmedien, – Hörmedien, – Gefühlsmedien, – zeichnende, vielsprachige, dichterische, musikalische Medien, - Schreibmedien, – Heilmedien usw. Was außerhalb der ihm eigenen, natürlichen Fähigkeiten liegt, darf man von einem Medium nicht beanspruchen. Ohne Kenntnis der verschiedenen medialen Fähigkeiten kann sich der Beobachter gewisse Schwierigkeiten und Unmöglichkeiten nicht erklären, die sich in der spiritistischen Praxis einzustellen pflegen.

Die Medien für physikalische Wirkungen sind besonders geschickt, materielle Erscheinungen hervorzurufen, wie Bewegungen, Klopflaute mit Hilfe von Tischen oder anderen Gegenständen. Sobald diese Erscheinungen ein Denken offenbaren oder einem Willen gehorchen, hat man sie zu den intelligenten Wirkungen zu rechnen, die eben aus diesem Grunde auf eine intelligente Ursache hinweisen.

Es ist diese Vereinigung von physikalischer Wirkung und Intelligenz für die Geister eine besondere Art der Kundgebung. Wir haben schon mehrfach auf den hierbei gewohnheitsmäßig festgestellten Gebrauch hingewiesen, dass drei Schläge „ja", ein Schlag „nein", zwei Schläge „unbestimmt" bezeichnen, haben der Möglichkeit gedacht, auf diesem Wege ganze Sätze zu gewinnen, wie nicht minder auf das Umständliche dieses Verfahrens hingewiesen. Das Tischklopfen war eben das Debut der jungen Wissenschaft; jetzt, wo man ebenso rasche und vollständige Verkehrsmittel wie unter Lebenden besitzt, bedient man sich dieses Verfahrens nur noch gelegentlich und als eines besonders überzeugenden Experiments.

Von allen Verkehrsmitteln ist die Schrift das einfachste, schnellste und bequemste, zugleich auch das, was der höchsten Entwicklung fähig ist. Auch ist es die Fähigkeit, die sich am häufigsten bei den Medien vorfindet.

Während man sich anfänglich zum Schreiben noch stofflicher Gegenstände bediente, kam man sehr bald auf den naheliegenden Gedanken, dass, wenn die unsichtbaren Intelligenzen imstande sind, Tische und schwere Gegenstände in Bewegung zu setzen, sie bei medial veranlagten Naturen wohl ohne sonderliche Schwierigkeit der Hand den gewünschten Impuls zu geben vermöchten, um die betreffenden Buchstaben zu schreiben. Die Geister setzen also durch ihren fluidischen Strom, d.h. durch ihren Willen die Hand des Menschen in Bewegung, sie schreiben mit fremder Hand.

Manche Medien haben von dem, was sie schreiben, kein Bewusstsein, manche nur ein mehr oder minder verschwommenes, obgleich der Gedanke selbst ihnen durchaus fremd ist. Hierauf beruht der Unterschied zwischen mechanischen und intuitiven, bzw. halbmechanischen Medien. Die spiritistische Wissenschaft legt die Art und Weise dar, wie der Gedanke des Geistes dem Medium übermittelt wird und welche Rolle letztgenanntes in den Mitteilungen spielt.

Das Medium besitzt nur die Fähigkeit, intelligente Mitteilungen zu vermitteln; ob eine Mitteilung wirklich erfolgt, ist vom Willen der spirituellen Wesen abhängig. Wollen diese sich nicht kundgeben, so erhält das Medium nichts: es gleicht dann einem Instrument ohne Musiker.

Nur wenn sie wollen oder können, teilen die Geister sich mit. Sie sind keines Menschen Launen unterworfen; kein Medium kann sie nach seinem Belieben und gegen ihren Willen kommen lassen.

Dies erklärt das zeitweilige Aussetzen der Fähigkeit bei den besten Medien und die Unterbrechungen, die mitunter mehrere Monate dauern.

Man würde danach mit Unrecht die Medialität mit einem Talent vergleichen. Das Talent wird durch Arbeit erworben: der, welcher es besitzt, verfügt stets darüber; das Medium hingegen kann des Erfolges nie absolut sicher sein, weil seine Gabe von einem fremden Willen abhängig ist.

Die physikalischen Medien, welche mit Regelmäßigkeit und sobald sie es wünschen, gewisse Erscheinungen erhalten, haben es, sofern das ganze nicht etwa Taschenspielerei ist, mit Geistern niederer Stufe zu tun, denen solche Arten von Schaustellungen Spaß machen und die vielleicht dieses Metier zu ihren Lebzeiten getrieben haben. Es wäre abgeschmackt, wenn man dächte, Geister von einer gewissen Höhe der Entwicklung könnten an solchen Paradestücken Gefallen finden.

Die Dunkelheit, welche für die Hervorbringung gewisser physikalischer Wirkungen nötig ist, gibt ohne Zweifel dem Verdacht Raum, beweist aber gegen die Tatsächlichkeit gar nichts. Bekanntlich gibt es auch in der Chemie Kombinationen, die sich bei Licht nicht bewerkstelligen lassen. Mischungen und Zersetzungen finden unter Einwirkung des Lichtfluids statt. Nun sind aber alle spiritistischen Phänomene das Ergebnis der Verbindung von Fluiden des Geistes und des Mediums, und da diese Fluide zur Materie gehören, ist dabei nichts Wunderbares, wenn in gewissen Fällen das leuchtende Fluid dieser Kombination Hindernisse bereitet.

In gleicher Weise sind die intelligenten Mitteilungen das Resultat einer fluidischen Einwirkung der unsichtbaren Intelligenz auf den Vermittler. Das Fluid des letzteren muss sich mit dem des ersteren identifizieren. Die Leichtigkeit der Mitteilungen hängt von dem Affinitäts- oder Verwandtschaftsgrad ab, der zwischen den beiden Fluiden besteht. Daher ist jedes Medium mehr oder weniger geeignet, den Eindruck oder den Impuls des Gedankens der einzelnen Geister aufzunehmen, es kann für den einen ein gutes, für den anderen ein schlechtes Instrument sein. So ist es denkbar, dass, wenn zwei gleich gut begabte Medien nebeneinander sitzen, ein Geist sich durch das eine und nicht durch das andere kundzugeben vermag.

Man befände sich demnach in einem starken Irrtum, wollte man glauben, man brauche nur Medium zu sein, um mit gleicher Leichtigkeit Mitteilungen von allen möglichen Geistern zu erhalten. Weder für die Anrufung noch für die Erzeugung von Phänomenen gibt es universale Medialität. Im allgemeinen suchen die Geister als Instrumente solche, die mit all ihrem Sehnen und Wünschen nach der Vereinigung mit ihnen verlangen. Ihnen den ersten besten aufdrängen, hieße ebensoviel, als wenn man einem Pianisten zumutete, Violine zu spielen, weil er ja musikalisch sei und folglich alle Instrumente spielen müsse.

Ohne Harmonie, die allein die fluidische Angleichung herbeizuführen vermag, sind Mitteilungen unmöglich, bzw. unvollständig oder falsch. Falsch können sie darum sein, weil in Ermangelung des gewünschten Geistes es nicht an anderen fehlt, die mit größter Bereitwilligkeit die sich bietende Gelegenheit zu Kundgebungen benutzen und sich um die Wahrheit wenig kümmern.

Manchmal ist die fluidische Angleichung zwischen gewissen Geistern und gewissen Medien ganz unmöglich, manchmal - und dies ist der gewöhnlichste Fall - finden sie sich nach und nach und mit der Zeit ein. Dies ist der Erklärungsgrund dafür, dass die Geister, welche sich durch ein und dasselbe Medium zu manifestieren gewohnt sind, dies mit größerer Leichtigkeit tun und warum die ersten Mitteilungen nahezu immer etwas Gezwungenes an sich haben und die gewünschte Deutlichkeit vermissen lassen.

Diese fluidische Angleichung ist in den typtologischen (durch Klopflaute entstandenen), wie in den schriftlichen sowie allen sonstigen Kundgebungen die unerlässlich notwendige Vorbedingung: so wird insbesondere die Gedankenübertragung einzig und allein ermöglicht.

Da es nichts nützt, einem anzurufenden Geist ein Medium aufzudrängen, so muss man ihm die freie Wahl überlassen. Auf alle Fälle muss das Medium vorher durch innere Sammlung wenigstens während einiger Minuten, wenn möglich aber schon über mehrere Tage sich mit dem Geist identifizieren, um auf diese Weise die fluidische Angleichung hervorzurufen und zustande zu bringen.

Sind die fluidischen Bedingungen einer direkten Mitteilung zwischen Geist und Medium nicht günstig, so kann sie noch durch Vermittlung des geistigen Führers, d.h. des Geistes, der sich gewohnheitsmäßig des Mediums zu Kundgebungen bedient, hergestellt werden; in diesem Fall kommt der Gedanke aus zweiter Hand an seine Adresse, nachdem er zwei Medien durchlaufen hat, ein geistiges und ein menschliches. Dann zeigt es sich recht deutlich, wie nötig eine gute Assistenz oder Kontrolle ist; ist nämlich der kontrollierende Geist herrschsüchtig, unwissend und stolz, so wird die Mitteilung notgedrungen zum Schlimmeren beeinflusst werden.

Hierbei bestimmen die persönlichen Eigenschaften des Mediums die Beschaffenheit der Geister, die es an sich zieht, in ganz unverkennbarer Weise nach dem Satz: „Gleich und gleich gesellt sich gern." Die unwürdigsten Medien können über mächtige mediale Mittel verfügen, aber die sichersten Medien bleiben doch die, welche neben dieser Macht die reinsten und edelsten Sympathien in der geistigen Welt für sich haben. Freilich geben die mehr oder minder imposanten Namen, mit welchen manche Geister ihr Mitteilungen unterzeichnen, nicht die geringste Garantie für das Vorhandensein solcher Sympathien, wohl aber tut das die beständig gute, innere Beschaffenheit der Mitteilungen, welche man von ihnen erhält.

Die Verkehrsweise mag nun sein, welche sie wolle, auf alle Fälle bietet die Ausübung des Spiritismus vom experimentellen Standpunkt aus zahlreiche Schwierigkeiten, ja selbst Unannehmlichkeiten, sobald die nötige Erfahrung fehlt. Selbst wenn man den einfachen Beobachter macht, wesentlich bleibt immer, dass man die verschiedenen Naturen der sich etwa kundgebenden Geister zu unterscheiden vermag, die Ursache aller Phänomene sowie die Bedingungen, unter denen sie eintreten, schließlich die Hindernisse kennt, welche sich entgegenstellen können, damit man nicht das Unmögliche verlangt.

Ebenso nötig ist es auch, alle Bedingungen und alle Gefahren der Medialität, den Einfluss der Umgebung und der sittlichen Dispositionen zu kennen, worüber der zweite Abschnitt im „Buch der Medien" ausführlich handelt.

Eine der wichtigsten Klippen der Medialität ist die **Obsession**, oder die „Umsessenheit", das „Umsessensein", (das „Bedrängtsein"), d.h. die Herrschaft, welche gewisse Geister über die Medien ausüben können, indem sie sich ihnen unter unechten Namen aufdrängen und sie an dem Verkehr mit anderen Geistern hindern. Zugleich ist dies eine Klippe für den Anfänger und ungeübten Beobachter, der aus Unkenntnis der charakteristischen Merkmale dieser Erscheinung sich durch den äußeren Anschein täuschen lassen kann, gerade wie der, welcher durch Fehlen medizinischer Kenntnisse über Ursache und Wesen eines Übels in Täuschungen befangen sein kann. Ist in diesem Falle ein vorheriges Studium für den Beobachter nützlich, so wird es für das Medium geradezu unumgänglich nötig, insofern als es ihm die Mittel an die Hand gibt, einem Übelstand auszuweichen, der für es selbst unangenehme Folgen haben könnte. Wir können darum gar nicht nachdrücklich genug das theoretische Studium vor der spiritistischen Praxis empfehlen.

Die Obsession oder **Umsessenheit** zeigt drei Hauptgrade, die sich mit ziemlicher Schärfe voneinander unterscheiden:

- die einfache **Obsession** oder **Umsessenheit**,
- die **Faszination** oder **Verblendung**,
- die **Subjugation** oder **Unterjochung**,

  auch **„Possession“** oder **„Besessenheit“** genannt.

Im ersten Fall ist sich das Medium vollständig darüber klar, dass es nichts Gutes erhält. Es gibt sich über die Natur des Geistes, der sich ihm mit solcher Hartnäckigkeit kundgibt, keiner Illusion hin und möchte ihn gern los sein. Dieser Fall bietet nichts Bedenkliches: es ist eben nur eine Unannehmlichkeit und das Medium ist davon befreit, wenn es für den Moment das Schreiben einstellt. Der Geist wird dessen endlich müde, nie Gehör zu finden und zieht sich schließlich zurück.

Die Faszination - **Verblendung** ist viel ernster zu nehmen, insofern als das Medium hier vollständig in Illusion steckt. Der es beherrschende Geist bemächtigt sich seines Vertrauens in einer Weise, dass er die Urteilskraft bezüglich des Wertes der Mitteilungen vollständig lähmt und ihm die abgeschmacktesten Dinge als etwas ganz Erhabenes vorspiegelt.

Das unterscheidende Merkmal dieses Zustandes liegt darin, dass er im Vermittler eine maßlose Empfindlichkeit wachruft und ihn dahin bringt, nur das, was er schreibt, für gut, richtig und wahr zu halten, jeden Rat und jede kritische Bemerkung abzuweisen oder übelzunehmen, lieber mit seinen Freunden zu brechen als zuzugestehen, dass er getäuscht wird, eifersüchtig auf andere Medien zu werden, deren Mitteilungen eine bessere Beurteilung finden, sich in den spiritistischen Vereinigungen aufzudrängen, dagegen sich aus ihnen zurückzuziehen, wenn er darin nicht mehr die erste Rolle spielen kann. Er fällt schließlich in eine solche Untertänigkeit, dass der Geist ihn zu den lächerlichsten und verfänglichsten Schritten verleiten kann.

Es ist dies ein charakteristisches und unterscheidendes Merkmal böser Geister, sich aufzudrängen. Sie geben Befehle und wollen, dass man ihnen gehorche. Die guten drängen sich niemals auf; hört man nicht auf sie, so ziehen sie sich zurück. Daher kommt es, dass der Eindruck, den böse Geister hinterlassen, fast immer ein peinlicher, ermüdender, eine Art von Unbehagen hervorbringender ist; nicht selten bewirkt er eine fieberhafte Erregung, abgebrochene und ruckweise erfolgende Bewegungen. Der Eindruck, den gute Geister hinterlassen, ist hingegen ruhig und angenehm: er verursacht ein wahrhaft wohliges Gefühl.

Die Subjugation - **Unterjochung**, früher bekannt unter dem Namen „Possession" oder „Besessenheit", ist ein physischer Zwang, der immer von Geistern der schlimmsten Sorte geübt wird und bis zur Neutralisierung des freien Willens gehen kann. Oft beschränkt sie sich auf einfache unangenehme Eindrücke, manchmal aber veranlasst sie ungeordnete Bewegungen, unvernünftige Handlungen, Schreie, unzusammenhängende oder beleidigende Worte, die der Betroffene als lächerlich empfindet, ohne sich doch ihrer erwehren zu können. Dieser Zustand unterscheidet sich wesentlich von der pathologischen Geisteskrankheit, mit welcher man ihn sehr zu Unrecht zusammenwirft, denn organische Verletzungen irgendwelcher Art liegen nicht vor. Die Verschiedenheit der Ursache verlangt auch andere Heilmittel. Wendet man dabei die üblichen Duschen und körperliche Behandlung an, so kann das Endresultat sein, dass man wirkliche Geisteskrankheit hervorruft, wo nur eine moralische Ursache vorlag.

Beim eigentlichen Wahnsinn liegt eine innerliche Ursache vor. Man muss also womöglich den Organismus wieder in seinen normalen Zustand zurückführen. Bei der Subjugation ist die Ursache des Übels außerhalb zu suchen. Man muss den Kranken von einem unsichtbaren Feind frei machen, nicht dadurch, dass man Arzneimittel zur Anwendung bringt, wohl aber dadurch, dass man ihm eine überlegene moralische Kraft entgegenstellt. Freilich haben die im Mittelalter bis in die Neuzeit hinein beliebten Exorzismen nie ein befriedigendes Resultat erzielt, ja in vielen Fällen die Situation statt zu bessern nur noch schwieriger gemacht. Indem der Spiritismus die wirkliche Ursache des Übels angibt, kann er allein die zur Bekämpfung desselben erforderlichen Mittel angeben. Man muss gewissermaßen die moralische Erziehung des unterjochenden Geistes vollenden. Durch weise angewendete Ratschläge gelingt es, ihn zu bessern und von seinem böswilligen treiben und seinen Quälereien abzubringen. Damit ist der Kranke befreit.

Befinden sich in einer Umgebung viele obsessionslustige Geister, so kann das Übel einen epidemischen Charakter annehmen, wie dies zu Christi Zeiten in Palästina der Fall war: eine mächtige moralische Überlegenheit gehörte dazu, um diesen „Dämonen“, wie sie die Evangelien nennen, ihr Handwerk zu legen und ihren Opfern die Ruhe wiederzugeben.

Ein höchst beachtenswerter Punkt ist hierbei, dass die Obsession, gleichgültig zu welcher speziellen Art sie gehört, von der Medialität ganz unabhängig ist und dass man sie in allen Graden, namentlich aber als Subjugation bei einer großen Menge von Individuen antrifft, die vom Spiritismus in ihrem Leben nie ein Wort gehört haben. Es ist dies begreiflich. Da es Geister von jeher gegeben hat, so haben sie selbstverständlich auch zu allen Zeiten den nämlichen Einfluss ausgeübt. Medialität ist durchaus keine Ursache, sondern nur eine Art, wie sich dieser Einfluss kundgibt. Man kann danach mit voller Bestimmtheit behaupten, dass jedwedes „umsessene“ Medium in irgendwelcher Weise oft in den gewöhnlichsten Verrichtungen des Lebens die Wirkungen dieses Einflusses an sich hat verspüren müssen und dass der Einfluss bei nicht vorhandener Medialität sich durch andere Wirkungen offenbaren würde.

Es sind dies jene geheimnisvollen Krankheiten, die sich allen medizinischen Forschungen entziehen. Durch die Medialität verrät das bösartige Wesen seine Gegenwart; ohne Medialität ist es ein verborgener Feind, vor dem man nicht auf der Hut ist.

Alle, welche außerhalb der Materie nichts annehmen, können natürlich keine derartige latente Ursache annehmen. Sobald aber erst die Wissenschaft den materialistischen Schlendrian wird verlassen haben, wird sie in dem Wirken der unsichtbaren Welt, die uns umgibt und in deren Mitte wir wohnen, eine Macht anerkennen, die auf die Dinge der physischen wie der moralischen Welt reagiert. Es wird dies ein neuer, dem Fortschritt geöffneter Weg und der Schlüssel zu einer Menge bisher falsch angefasster Phänomene sein.

Da Obsession nie von einem guten Geist herrühren kann, so ist sie unter allen Umständen zu meiden. Hierbei kommt es wesentlich darauf an, dass man die Natur der sich darstellenden Geister erforscht. Ein nicht aufgeklärtes Medium kann sich vom äußeren Schein täuschen lassen; das gewarnte Medium dagegen erspäht die geringsten verdächtigen Zeichen. Der Geist zieht sich schließlich zurück, wenn er sieht, dass nichts zu machen ist. Eine vorläufige Kenntnis der Mittel, um gute Geister von schlechten zu unterscheiden, ist daher für das Medium unerlässlich, wenn es der Gefahr, in eine Falle zu geraten, nicht ausgesetzt sein will. Auch der bloße Beobachter braucht diese Kenntnis, da sie allein ihm das Mittel in die Hand gibt, den Wert dessen, was er sieht oder hört, gehörig zu würdigen.

Bezüglich der Eigenschaften, die man an den verschiedenen Medien beobachten kann, sind folgende Fundamentalsätze festzuhalten.

Die mediale Befähigung liegt im Organismus und ist von den sittlichen Eigenschaften des Mediums unabhängig. Man findet sie daher bei den unwürdigsten, wie bei den edelsten Menschen in vollster Entwicklung. Hingegen sind die guten Geister nicht unterschiedslos mit jedem Medium zufrieden, sondern hier heißt es: „Gleiches zu gleichem."

Gute Geister teilen sich mehr oder weniger gern durch ein bestimmtes Medium mit, je nach der Sympathie, die sie dem einverleibten Geist entgegenbringen. Bei Beurteilung eines Mediums kommt es nicht darauf an, mit welcher Leichtigkeit es Mitteilungen erhält, sondern darauf, ob es immer gute erhält und ob es nicht ein Spielball leichtfertiger und betrügerischer Geister ist.

Medien, die im Punkte der Moral sehr viel zu wünschen übrig lassen, können nichtsdestoweniger vortreffliche Mitteilungen erhalten, die nur von guten Geistern herrühren können. Es ist dies nicht verwunderlich. Oft geschieht dies im Interesse des Mediums, um ihm Winke und Ratschläge zu geben. Macht es keinen Gebrauch davon, so vergeht es sich nur noch mehr und schreibt sein eigenes Todesurteil nieder. Gott kann in seiner unendlichen Güte seinen Beistand denen, die seiner bedürfen, nicht verweigern. Der Frommgesinnte Missionar, der in die Reihen der Verbrecher hinabsteigt, um zum Gewissen zu reden, tut dasselbe, was gute Geister mit unvollkommenen Medien tun.

Ferner bedienen sich gute Geister, wenn sie eine allgemein gültige Lehre geben wollen, hierzu des Instrumentes, das gerade zu ihrer Verfügung steht. Aber sie verlassen es, wenn sie ein ihnen sympathischeres finden, das sich ihre Lehren zu Nutze macht. Wenn sich die guten Geister zurückziehen, so haben die niederen Geister freies Feld. Aus guten Eigenschaften, bei deren Anblick sie sich belästigt fühlen würden, machen sich sittlich unvollkommene Geister gar nichts.

Schließlich werden moralisch unvollkommene Medien, die sich nicht bessern, früher oder später die Beute der bösen Geister, von denen sie oft schon auf Erden zum Verderben und zu tiefem Leid geführt werden. Was ihre Fähigkeit angeht, so wendet sie sich, so schön sie war und anderenfalls geblieben wäre, nach dem Verschwinden der guten Geister zum Schlechteren und verschwindet schließlich ganz.

Die trefflichsten Medien sind nicht unbedingt gegen die Mystifikationen von Trug-Geistern geschützt, schon darum weil niemand so vollkommen ist, um nicht eine schwache Seite zu bieten, auf der bösen Geistern der Zutritt möglich wäre. Zweitens aber gestatten es manchmal die guten Geister, um die Urteilskraft zu üben und zu zeigen, wie man Wahrheit von Täuschung unterscheiden und auf seiner Hut sein und wie man ja nicht blindlings und ohne Kontrolle alles hinnehmen soll. Aber die Täuschung selbst kommt nie von einem guten Geist und jeder respektable Name, der sich als Unterschrift einer trügerischen Kundgebung findet, ist unecht.

Endlich kann es auch eine Prüfung der Geduld und Ausdauer eines jeden Spiritisten sein, sei er Medium oder nicht. Wer um einiger Enttäuschungen willen den Mut verlöre, würde den guten Geistern damit beweisen, dass sie auf ihn nicht zählen können.

Es ist ebensowenig erstaunlich, wenn man sieht, dass auch treffliche Personen von bösen Geistern umsessen sind, als es auffällt, wenn böse Menschen auf der Erde über tugendhafte wütend herfallen.

Merkwürdigerweise sind mit der Veröffentlichung des „Buches der Medien" umsessene Medien viel seltener geworden, weil diese, gewarnt, auf ihrer Hut sind und auf die geringsten Zeichen achten, welche auf die Gegenwart eines Trug-Geistes hindeuten. Die meisten umsessenen-bedrängten Medien haben entweder vor der spiritistischen Praxis keine theoretischen Studien gemacht oder sich die ihnen erteilten Ratschläge nicht zunutze gemacht.

Das Medium schlechthin ist als solches durch die eigentümliche Begabung charakterisiert und in dieser Beziehung kann es mehr oder minder ausgebildet sein. Als sicheres und darum als wahrhaft gutes Medium kann man ein solches bezeichnen, das sich zum Interpreten für gute Geister eignet. Abgesehen von der Stärke der Befähigung steht die Fähigkeit des Mediums, gute Geister an sich zu ziehen, im Verhältnis zu seiner moralischen Superiorität; diese Superiorität ist proportional zu der Summe aller der Eigenschaften, die den tugendhaften Menschen ausmachen. Auf diesem Wege erwirbt es sich die Sympathie der guten Geister und gewinnt Macht über die bösen Geister.

Aus dem nämlichen Grunde nähert die Summe der moralischen Unvollkommenheiten das Medium der Natur der bösen Geister und nimmt ihm den nötigen Einfluss, sie von sich fernzuhalten. Anstatt dass das Medium die Geister beeinflusst, beeinflussen diese das Medium. Dies findet nicht allein auf Medien, sondern überhaupt auf alle Menschen Anwendung: denn jeder ist spirituellen Einflüssen mehr oder minder ausgesetzt und zugänglich, und in diesem Sinn kann man behauten, dass jeder Mensch Medium ist.

Um sich dem Medium aufzudrängen und bei ihm maßgebenden Einfluss zu erlangen, wissen die bösen Geister geschickt alle sittlichen Verkehrtheiten auszunutzen. Unter diesen ist es der Stolz, der die meiste Blöße gibt. So ist er denn auch die Eigenschaft, die bei der Mehrzahl der bedrängten Medien die herrschende ist, namentlich aber bei den „faszinierten" Medien. Stolz ist es, was ihnen das Gefühl ihrer eigenen Unfehlbarkeit einflößt und sie gutem Rat gegenüber taub macht. Unglücklicherweise erhält dieses Gefühl immer neue Nahrung durch die Lobsprüche, deren Gegenstand sie sind. Sobald ihre Gabe das Maß des Gewöhnlichen etwas übersteigt, sind sie gesuchte Leute. Es fehlt nicht an Schmeicheleien, und schließlich sind sie von der hohen Bedeutung ihrer eigenen Persönlichkeit fest überzeugt. Sie halten sich für unersetzlich, und dies verdirbt sie.

Während das unvollkommene Medium gar stolz ist auf die erlauchten Namen, - sie sind meist unecht - welche am Fuß der von ihm erlangten Geistermitteilungen prangen, und sich als einen privilegierten Interpreten der himmlischen Mächte betrachtet, hält sich das gute Medium solcher Gunst nicht wert. Stets bringt es dem, was es erhält, bezüglich der Qualität ein heilsames Misstrauen entgegen und stützt sich bei der Beurteilung nicht bloß auf sein subjektives Gefühl. Da es nur ein passives Instrument ist, leuchtet es ihm ein, dass das Gute nicht sein Verdienst ist, ebensowenig, als es für das Schlechte verantwortlich ist. Es sieht ein, dass es lächerlich wäre, wollte es für die Identität der sich ihm manifestierenden Geister erhitzen und einen Zweifel daran als persönliche Beleidigung auffassen. Es überlässt die Beurteilung der Frage unbeteiligten Dritten, ohne dass es sich in seiner Eigenliebe mehr gekränkt fühlte, als etwa der Schauspieler beim Tadel des Stückes, in welchem er auftritt. Schlichtheit und Bescheidenheit sind die Zierden seines Charakters. Die ihm verliehene Gabe beglückt es, nicht um sich mit ihr wichtig, sondern sich durch sie nützlich zu machen. Froh ergreift es jede sich hierzu bietende Gelegenheit, aber ohne es im geringsten übelzunehmen, wenn man ihm nicht den Ehrenplatz anweist.

Die Medialität ist ein Geschenk Gottes und kann wie jede andere Gabe gut oder schlecht angewendet werden. Sie dient dazu, uns in direkte Verbindung mit den Seelen derer zu setzen, die früher gelebt haben, um von ihnen Belehrung zu erhalten und schon im Voraus in das zukünftige Leben eingeführt zu werden. Wie das Gesicht uns mit der sichtbaren Welt in Beziehung setzt, so tut es die Medialität bezüglich der unsichtbaren Welt. Man könnte sie aus diesem Grunde auch als den sechsten Sinn bezeichnen. Wer sich dieser Gabe zu seiner und seiner Mitmenschen geistigen und sittlichen Förderung bedient, erfüllt damit eine wahrhafte Mission, die ihm dereinst gelohnt werden wird. Wer sie zu unnützen Dingen und zu selbstsüchtigen Zwecken verwendet, hat sich schlimme Folgen selbst zuzuschreiben, die jeder Missbrauch einer Fähigkeit unvermeidlich im Gefolge hat.

Und nun noch ein Wort über unechte Manifestationen

Gewisse spiritistische Erscheinungen lassen sich mit ziemlicher Leichtigkeit nachahmen, was denn auch Gaukler und Taschenspieler häufig genug getan haben und noch tun. Wer die echten Erscheinungen studiert hat und die normalen Bedingungen kennt, unter welchen sie vor sich gehen können, wird ohne sonderliche Mühe die Nachahmung von der Wirklichkeit unterscheiden. Dabei ist die Nachahmung nie ganz vollständig und kann daher nur den Ignoranten täuschen, der die ureigenen Nuancen des wirklichen Phänomens nicht zu erfassen vermag.

Am leichtesten nachzuahmen sind gewisse physische Wirkungen und die gewöhnlichen intelligenten Kundgebungen, also Bewegungen, Klopflaute, Überbringungen, direkte Schrift, banale, nichtssagende Antworten usw. Anders steht es mit intelligenten Mitteilungen von großer Tragweite. Um die ersteren nachzuahmen, braucht man nur Geschicklichkeit, um die anderen nachzuahmen, dazu möchte wohl immer eine ungewöhnliche Ausstattung mit Kenntnissen, eine ungemeine intellektuelle Superiorität und eine sozusagen universelle Gabe der Improvisation gehören.

Unter den Jüngern des Spiritismus findet man wie überall Enthusiasten und exaltierte Naturen. Im Allgemeinen sind dies die schlechtesten Apostel der Sache: denn mit Recht hat man kein rechtes Vertrauen zu der Leichtigkeit, mit welcher sie alles ohne gründliches Studium hinnehmen. Der aufgeklärte Spiritist wehrt sich gegen einen blinden Enthusiasmus. Kalt und ruhig beobachtet er, seiner Sache gewiss, dass er sich weder durch Illusionen noch durch Foppereien betrügen lässt.

Identität der Geister und Widersprüche

Wie man unter den unsichtbaren Wesen alle moralischen Verkehrtheiten der Menschenwelt wiederfindet, so auch List und Lüge. Manche unter ihnen machen sich nicht den geringsten Skrupel daraus, sich mit den hochachtbarsten Namen aufzuputzen, um mehr Vertrauen einzuflößen. Man hüte sich also, an die Authentizität der Unterschriften unter allen Umständen zu glauben.

Der Nachweis der Identität ist eine der größten Schwierigkeiten des praktischen Spiritismus. Oft ist es ganz unmöglich, ihn zu führen, namentlich wenn es sich um höhere Geister handelt, die lange vor uns gelebt haben. Öfters scheinen auch bekannte Namen gewählt zu werden, um unseren Gedanken eine bestimmte Richtung zu geben, noch öfter mögen solche Namen nur die Kategorie der Geister andeuten, welcher der sich manifestierende Geist angehört und in deren Auftrag er sich kundgibt.

In diesem Fall steht die Identitätsfrage durchaus in zweiter Linie. Es wäre kindisch, ihr eine besondere Wichtigkeit zuschreiben zu wollen. Das Wichtigste bleibt immer die innere Beschaffenheit der gegebenen Unterweisung. Ist sie gut oder schlecht, ist sie der betreffenden Persönlichkeit, deren Namen sie trägt, würdig oder unwürdig? Würde dieselbe sie annehmen oder nicht anerkennen? Das ist die eigentliche Frage.

Leichter wird der Nachweis der Identität, wenn es sich um zeitgenössische Geister handelt, deren Charakter und Gewohnheiten bekannt sind; denn eben in diesen Gewohnheiten und Absonderlichkeiten enthüllt sich die Identität am sichersten und oft in ganz unbestreitbarer Weise. Wenn man einen Verwandten oder Freund anruft, so ist es ja die Persönlichkeit, welche interessiert, und ganz naturgemäß fühlt man das Bedürfnis, die Identität festzustellen: nur die Mittel, welche allgemein von Seiten solcher, die den Spiritismus nur unvollkommen kennen, angewandt werden, sind unzureichend und können zu Irrtümern führen.

Der Geist enthüllt seine Identität durch eine Menge von Umständen, namentlich aber in solchen Mitteilungen, in denen sich bestimmte Gewohnheiten, ein bestimmter Charakterzug, eigentümliche Sprechweisen und Redensarten des gewöhnlichen Lebens reflektieren. Die Identität ergibt sich ferner aus ganz vertraulichen Einzelheiten, auf die der betreffende Geist aus freien Stücken Personen gegenüber, denen er Zuneigung entgegenbringt, gar nicht selten eingeht: das sind die besten Beweise. Aber sehr selten entsprechen die Geister direkten Aufforderungen, die in Bezug hierauf an sie gerichtet werden, namentlich wenn diese von Personen ausgehen, die ihnen gleichgültig sind und nur darum anfragen, um ihre Neugierde zu befriedigen oder auf die Probe zu stellen. Der Geist beweist seine Identität, wie er will oder wie er kann, je nach der Befähigung seines Dolmetschers. Oft sind solche Beweise in Hülle und Fülle vorhanden: nur darf der Anrufende in Bezug auf das ‚wie' ja keine Vorschriften machen. Anspruchsvollen Forderungen gegenüber verhalten die Unsichtbaren sich ablehnend.

Wie der Inhalt gewisser Kundgebungen oft in einem auffallenden Kontrast und Widerspruch zu dem unterzeichneten Namen des Geistes steht, so finden sich Widersprüche auch nicht selten zwischen den Mitteilungen verschiedener Geister. Solche Widersprüche dürfen nicht weiter befremden, sie sind einfach die Folge der Beschaffenheit der Geister selbst, deren Wissen, wie schon erwähnt, im Verhältnis zu ihrer Entwicklung steht und geringer sein kann als das Wissen mancher Menschen.

Über sehr viele Punkte vermögen sie nur persönliche Ansichten vorzubringen, die mehr oder weniger richtig sein können und noch durchaus in irdischen Vorurteilen befangen sind. Andere machen sich eigene Systeme zur Erklärung wissenschaftlicher und metaphysischer Fragen. Was Wunder, wenn sie nicht immer miteinander im Einklang sind?

Weiter erregt es Staunen, wenn man widerspruchsvolle Angaben in Mitteilungen findet, die mit demselben Namen unterzeichnet sind. Es kann dies ein Zeichen geistiger Inferiorität sein, denn höhere Geister widersprechen sich niemals. Gewöhnlich aber wird in diesem Fall eine Täuschung vorliegen. Wer nur ein ganz klein wenig in die Geheimnisse der geistigen Welt eingeweiht ist, weiß ja eben, mit welcher großen Leichtigkeit manche Geister sich mit geborgtem Namen aufputzen, um ihren Worten höheres Ansehen zu verschaffen. Wenn daher zwei Mitteilungen diametral entgegengesetzte Grundgedanken haben und dabei denselben ehrwürdigen Namen tragen, so ist die eine von den beiden notgedrungen unecht.

Es gibt zwei Mittel, um sich bei Zweifeln eine bestimmte Ansicht zu bilden. Das erste ist, alle Mitteilungen der strengen Kontrolle der Vernunft und der Logik zu unterwerfen. Es empfehlen dies auch alle guten Geister, während Truggeister dies wohlweislich bleiben lassen in der Erwägung, bei ernstlicher Prüfung zu verlieren. Aus diesem Grunde gehen sie der Diskussion aus dem Wege und verlangen, dass man ihnen aufs Wort glaube.

Das zweite Kriterium der Wahrheit liegt in der Übereinstimmung der Unterweisung. Wird an verschiedenen Punkten durch verschiedene Geister und Medien, die sich gegenseitig nicht kennen und unter ganz verschiedenen Einflüssen stehen, dasselbe Prinzip gelehrt, so folgert man daraus die Wahrscheinlichkeit, dass es mehr auf Wahrheit beruht als ein anders, welches einer einzigen Quelle entspringt und von der Mehrheit Widerspruch findet.

Folgerungen aus dem Spiritismus

Angesichts dieser Ungewissheit, die den Enthüllungen der Geister anhaftet, dürfte der eine oder andere vielleicht nicht ohne anscheinende Berechtigung die Frage aufwerfen : Wozu nützt das Studium des Spiritismus?

Erstens liefert der Spiritismus den *tatsächlichen Beweis vom Vorhandensein der geistigen Welt.* Da diese geistige Welt aus den Seelen derer besteht, die einst leiblich gelebt haben, so ergibt sich hieraus weiter die *Existenz der Seele und ihr persönlicher Fortbestand nach dem Tode.*

Die sich kundgebenden Seelen wissen uns von ihren Freuden oder Leiden zu berichten, je nach der Art und Weise, wie sie das Erdenleben ausgenutzt haben. Hieraus ergibt sich der *Beweis von den zukünftigen Strafen und Belohnungen.*

Indem die Geister ihren Zustand und ihre Lage schildern, berichtigen sie falsche Vorstellungen, die man sich über das Jenseits und namentlich über Beschaffenheit und Dauer der Strafen gemacht hat.

Indem somit das zukünftige Leben aus dem Status einer schwankenden, unsicheren Theorie in den Status der ausgemachten Tatsache rückt, ergibt sich daraus die Nötigung, während des gegenwärtigen, kurz zugemessenen Lebens für das zukünftige unbegrenzte Leben zu arbeiten.

Nehmen wir einmal an, ein junger Mensch von zwanzig Jahren habe die Gewissheit, mit fünfundzwanzig zu sterben. Was wird er während dieser fünf Jahre tun? Wird er für seine Zukunft arbeiten? Gewiss nicht; er wird so weit wie möglich das Leben zu genießen suchen, er würde es als Selbstbetrug ansehen, wenn er sich zwecklose Entbehrung und Ermüdung auferlegen wollte. Hat er dagegen die Gewissheit, achtzig Jahre alt zu werden, wird er ganz anders handeln: denn es wird ihm die Notwendigkeit einleuchten, einige Augenblicke der gegenwärtigen Ruhe zu opfern, um sich auf lange Jahre hinaus die Ruhe zu sichern. Ganz so steht es mit dem, für den das zukünftige Leben eine ausgemachte Gewissheit ist.

Der Zweifel bezüglich eines Fortbestandes nach dem Tode führt naturgemäß dahin, alles den Freuden der Gegenwart zu opfern; daher die maßlose Wichtigkeit, die den materiellen Gütern beigemessen wird.

Der letztere Umstand weckt Begehrlichkeit, Neid, Eifersucht des minder vom Glück Bedachten gegen den reich Ausgestatteten. Von der Begehrlichkeit zu dem Wunsch, sich das Besitztum des Nächsten um jeden Preis zu verschaffen, ist nur ein Schritt. Daher Hass, Streit, Rechtsstreitigkeiten und Kriege, kurz die gesamte Gefolgschaft des Egoismus. Beim Zweifel an die Zukunft erblickt der von Kummer und Unglück belastete Mensch nur im Tode das Endziel seiner Leiden. Er, der nichts mehr zu hoffen hat, findet es logisch, seine Leiden zu kürzen - er wird zum Selbstmörder.

Ohne Hoffnung auf eine Zukunft wird der Mensch von den Enttäuschungen des Erdenlebens schwer getroffen und der Verzweiflung überantwortet. Die heftigen, auf ihn einstürmenden Erschütterungen stören das ruhige Weiterfunktionieren seines Denkorgans - es stellt sich Geisteskrankheit ein. Ohne Hoffnung auf eine Zukunft ist das gegenwärtige Leben für den Menschen die Hauptsache, auf die er alles bezieht. Darum will er um jeden Preis nicht nur materielle Güter besitzen, sondern auch Ehren genießen. Sein ganzes Trachten richtet sich darauf, zu glänzen, sich über anderer zu erheben und seine Nebenmenschen durch Prunk und Rang in den Schatten zu stellen. Daher der maßlose Ehrgeiz, das Haschen nach Titeln und sonstigen Spielereien der Eitelkeit, für die er selbst seine persönliche Ehre zu opfern imstande ist, weil es eben etwas Höheres für ihn nicht gibt.

Dagegen veranlasst die Gewissheit eines zukünftigen Lebens und seiner Folgen einen vollständigen Umschwung in den Ideen und zeigt die Dinge in einem ganz anderen Licht. Der Vorhang ist gehoben, der uns einen endlosen, strahlenden Horizont enthüllt. Vor der Unendlichkeit, Großartigkeit des jenseitigen Lebens schwindet das Erdenleben wie die Sekunde vor den Jahrhunderten, wie das Sandkörnchen vor dem Berg. Wie klein, wie erbärmlich scheint jetzt dies alles, ja man staunt selbst, wie man ehedem den Eintagskindereien hat solchen Wert beilegen können. Daher in den Begebenheiten des Lebens eine Ruhe, ein stilles Genügen, das schon ein Glück zu nennen ist gegenüber jenem Drängen und Treiben, jenen Quälereien und Hetzereien, jenem Ärger und jenen Empfindlichkeiten bei der Jagd nach dem vermeintlichen Glück. Daher bei den Wechselfällen und Enttäuschungen des gewöhnlichen Lebens eine Gleichgültigkeit, die der Verzweiflung keine Eingangspforte offen läßt, die zahlreiche Fälle von Geisteskrankheit beseitigt und den Gedanken an Selbstmord machtvoll verscheucht. Die Gewissheit einer Zukunft lehrt den Menschen warten und verzichten, der Zweifel nimmt ihm seine Geduld, weil er nur von der Gegenwart etwas erwartet.

Da das Beispiel derer, die ehedem im Leibe wandelten, zeigt, dass die Summe des zukünftigen Glückes im Verhältnis steht zu der Summe der Laster und der schlechten Handlungen, so stellt sich bei allen denen, die von dieser Wahrheit durchdrungen sind, ein ganz natürliches Streben ein, rechtschaffen zu handeln und das Böse zu meiden.

Wenn einmal die Mehrheit der Menschen von diesem Gedanken durchdrungen sein, sie solche Grundsätze bekennen und das Gute üben wird, dann wird die weitere Folge sich ergeben, dass schon hier unten das Gute über das Böse den Sieg davonträgt, dass die Menschen nicht mehr auf gegenseitige Schädigung ausgehen, dass sie ihre gesellschaftlichen Einrichtungen zum Nutzen der Gesamtheit und nicht Einzelner regeln, mit einem Wort: sie werden den Satz begreifen und sie werden auf dieses Gesetz der Nächstenliebe ihre bürgerliche Gesetzgebung begründen.

Weiter aber ist die Konstatierung einer uns umgebenden geistigen Welt und ihres Einflusses auf die physische Welt der Schlüssel zu einer Menge bisher unbegriffener Erscheinungen auf dem Gebiet des physischen wie moralischen Geschehens.

Wenn die Wissenschaft einmal von dieser neuentdeckten Kraft allseitig Notiz nehmen wird, dann wird dieselbe auch zur Richtigstellung einer großen Menge von Irrtümern gelangen, die alle auf dem materialistischen Grundprinzip beruhen. Die Kenntnis dieser neuen Kraft wird ein Hebel für den Fortschritt und ebenso wirkungskräftig sein, wie die Entdeckung jedes neuen wirksamen Stoffes es gewesen ist. Mit Hilfe des spiritistischen Grundgesetzes wird der wissenschaftliche Horizont sich erweitern, wie dies z.B. nach Entdekkung des Gravitationsgesetzes geschehen ist.

Wenn die Gelehrten einmal von der Höhe ihres Katheders herab die Existenz der geistigen Welt und ihre Einwirkung auf die Erscheinungen des Lebens als eine nicht mehr bestrittene Tatsache verkünden werden, dann werden sie damit dem Gemüt der Jugend das Gegengift gegen die materialistischen Ideen einflößen anstatt den Samen des Zweifels in den Boden der Seele zu streuen.

Auf den höheren Schulen, den Universitäten, wird die Existenz der Seele, werden ihre Attribute je nach den verschiedenen Systemen gelehrt, aber ohne tatsächliche Beweise. Ist es da nicht seltsam, dass jetzt, wo diese Beweise sich einfinden, sie von den selben Professoren ignoriert und als Aberglauben behandelt werden? Sagen sie damit nicht zu ihren Schülern: „Wir lehren euch die Unsterblichkeit der Seele aber ein Beweis für sie darf nicht erbracht werden?“ Wenn ein Gelehrter über einen wissenschaftlichen Punkt eine Hypothese aufstellt, pflegt er doch eifrig nach Tatsachen zu suchen, die aus der Hypothese eine Wahrheit zu machen geeignet sind, und mit Freuden begrüßt er es, wenn er solche Tatsachen findet. Wie kommt es nun, dass die Professoren der Philosophie, die doch pflichtgemäß ihren Schülern die Existenz der Seele beweisen sollten, verächtlich die Mittel zu einer offenkundigen Demonstration abweisen?

Nehmen wir also an, die Geister wären außerstande, uns etwas zu lehren, was wir nicht selbst schon wüssten, oder nicht von selbst uns sagen könnten, so muß der bloße Beweis von dem Vorhandensein der geistigen Welt notwendigerweise ein Umwälzung in den Ideen zur Folge haben, die wieder auf die ganze Menschenwelt nicht ohne Einfluß bleiben kann. So bereitet der Spiritismus eine Regeneration des Menschentums vor.

Aber die Geister leisten mehr: wenn ihre Enthüllungen, um ihre Genauigkeit und Richtigkeit zu konstatieren, mit gewissen Schwierigkeiten umgeben sind und ins Detail gehende Vorsichtsmaßnahmen erfordern, ist es darum doch nicht minder wahr, dass erleuchtete Geister, so man sie nur zu fragen versteht und es ihnen gestattet ist, uns unbekannte Tatsachen enthüllen und Aufschluss zu geben vermögen und uns auf die Bahn eines rascheren Fortschritts bringen können. Ein vollständiges und aufmerksames Studium der spiritistischen Wissenschaft ist freilich hierbei unerlässlich, um nicht die Grenzen des Möglichen zu überschreiten und sich der Gefahr auszusetzen, betrogen und getäuscht zu werden.

Der Spiritismus lehrt wenige oder keine absolut neuen Wahrheiten kraft des alten Satzes: „Nichts Neues unter der Sonne." Absolute Wahrheiten sind zugleich ewige Wahrheiten. Da die Wahrheiten des Spiritismus absolute sind, d.h. auf den Naturgesetzen beruhen, sind sie zu allen Zeiten vorhanden gewesen.

So findet man denn in der Tat zu allen Zeiten die Keime, die nunmehr durch eingehenderes Studium und aufmerksamere Beobachtungen zur Entwicklung gelangt sind.

Der Spiritismus hat die Geister weder entdeckt noch erfunden, ebensowenig als er die geistige Welt entdeckt hat, an welche man zu allen Zeiten geglaubt hat; wohl aber erbringt er den tatsächlichen Beweis von ihrem Vorhandensein, befreit sie von den an sie geknüpften abergläubischen Meinungen und läßt sie in ihrem wahren Licht erscheinen. Zweifel und Unglauben verlieren damit jeden Boden.

Zweites Kapitel

Fundamentalsätze der spiritistischen Philosophie

Vorbemerkung für deutsche Leser

Die folgenden kurzen, geistvollen Bemerkungen über die spiritistische Philosophie beziehen sich auf die populäre Philosophie, die Allan Kardec aus dem reichen, ihm zur Verfügung stehenden Material medialer Mitteilungen zusammengestellt und redigiert hat.

Allan Kardec, mit seinem eigentlichen Namen Hippolyte Léon Dénizard Rivail, geboren in Lyon am 3. Oktober 1804, Schüler Pestalozzis zu Iverdon, Verfasser zahlreicher pädagogischer, im Geiste Pestalozzis abgefasster Schriften, wendete sich, als im Jahr 1848 die Geschwister Fox die ersten Wahrnehmungen über Klopfgeister in Hydesville bei New York gemacht hatten und gleichzeitig das Tischrücken bekannt und untersucht wurde, alsbald ausschließlich der Erforschung und Erklärung dieser seltsamen Erscheinungen zu.

Das Resultat dieser Forschungen legte er 1857 nieder in seinem Hauptwerk: „Das Buch der Geister“, das ohne Zweifel als das grundlegende Werk des modernen, wissenschaftlichen und aufgeklärten Spiritismus anzusehen ist. Fünf Jahre später folgte: „Das Buch der Medien“, in welchem sich das inzwischen reichlich angewachsene Material auf dem Gebiet spiritistischer Praxis mit großer Klarheit und logischer Schärfe zusammengestellt findet. Sein letztes Werk (1868) führt den Titel: „Schöpfung, Wunder und Weissagungen“. Er starb am 31. März 1869 in Paris als anerkanntes Haupt der französischen Spiritisten, nachdem sein „Buch der Geister“, in alle möglichen Sprachen übersetzt, den Lauf um die Erde gemacht hatte.

Die Methode, welche Allan Kardec bei Abfassung seiner Werke festhielt, ist kurz folgende. Er suchte sich mediale Niederschriften aus allen Ländern, wo immer gute Medien tätig waren, sowie aus seiner nächsten Umgebung in Paris zu verschaffen, prüfte diese scharf auf ihren inneren Gehalt hin, schied die verdächtigen aus, gruppierte die inhaltlich übereinstimmenden, suchte bei Widersprüchen durch Vernunftschlüsse der Wahrheit nahe zu kommen und ordnete das auf solche Weise gesichtete Material zu einem wissenschaftlich gegliederten Ganzen. So entstand zunächst „Das Buch der Geister"; ihm folgten zahlreiche kleinere Schriften, die ebenfalls große Verbreitung fanden.

Die Philosophie Allan Kardec's ist somit eine Antwort auf die Frage: „Was lehren uns die medialen Niederschriften bezüglich der den menschlichen Geist am meisten beschäftigenden Fragen der Metaphysik, Psychologie, Ethik, der Naturwissenschaften usw." Indem aber dieses System sich keinem Menschen als Glaubensnorm aufdrängt, sondern Ergebnisse, die aus einer bisher unbekannten Erfahrungsquelle geschöpft sind, der wissenschaftlichen Prüfung und Kritik vorlegt, leuchtet jedem logisch denkenden Menschen ein, dass wir es hier mit keinem Religionssystem, sondern in der Tat und in Wahrheit mit einer Philosophie zu tun haben. Allerdings in einem Punkte weicht diese Philosophie von allen übrigen philosophischen Systemen ab, nämlich darin, dass sie in ihren Hauptgrundsätzen nicht menschlichem Gehirn entsprungen, sondern auf eine andere Klasse vernunftbegabter Wesen zurückzuführen ist. Kurz, sie ist eine geoffenbarte Philosophie.

Es war aber „Das Buch der Geister" keineswegs das erste System einer geoffenbarten Philosophie. Bereits zehn Jahre vorher hatte Andrew Jackson Davis (geb. 11. Aug. 1826 zu Blooming Grove im Orange County des Staates New York, gest. 1910) aus gleicher Quelle philosophische Offenbarungen erhalten. Dieser überaus merkwürdige Mann, der in seiner Jugend fast gar keinen regelmäßigen Unterricht genossen hat, diktierte als neunzehnjähriger Jüngling im Zustand ekstatischer Verzückung ein Werk, das gewaltiges Aufsehen erregte: „Die Prinzipien der Natur". Andere Werke, die ebenfalls auf gleiche Weise zustande kamen, folgten und legten den Grund zu einer Lehre, die Davis mit dem Namen „harmonische Philosophie" bezeichnete. Von einer Aufzählung dieser zahlreichen Schriften können wir hier bei aller Hochschätzung ihres edlen ethischen Gehaltes, der in ihnen zum Ausdruck kommenden Offenbarungen und ihres reformatorischen Wertes deswegen absehen, weil wir es hier nicht mit eigentlichen medialen Niederschriften zu tun haben, auf denen doch die spiritistische Philosophie im engeren Sinne beruht.

Übrigens liegt es keineswegs außerhalb der Möglichkeit, dass durch mediale Niederschriften, wie bei Allan Kardec, oder durch höhere Erleuchtung, wie bei Davis, kurz durch spiritistische Einflüsse, noch mehrere solcher geoffenbarten Philosophien zu Tage treten werden, wie es medial diktierte Werke philosophischen Inhalts in der Tat außerdem mehrfach gibt: unter den hierher gehörenden Werken in deutscher Sprache nennen wir als Beispiel die medialen Niederschriften der Frau Baronin Adelma von Vay (1840-1924).

In England, wo das Interesse, das den spiritistischen Studien entgegengebracht wird, ein sehr weitgehendes ist, hat man sich weniger der spiritistischen Philosophie, als dem praktischen Spiritismus, den spiritistischen Experimenten wie Geisterphotographien und Materialisationen zugewendet, während man es einem jeden überlässt, die seiner Individualität entsprechenden ethischen Folgerungen zu ziehen. Auf dem Gebiet des praktischen Spiritismus haben zwei englische Naturforscher ersten Ranges Hervorragendes geleistet, Alfred Russel Wallace (1823-1913) und Sir William Crookes (1832-1919), die durch ihre Schriften nicht wenig zur Verbreitung des Spiritismus in England beigetragen haben.

Was diese Gelehrten für England sind, war für Deutschland der bekannte Astrophysiker Johann Karl Friedrich Zöllner, geb. 1834 zu Berlin, gest. 1882 zu Leipzig, der durch das starke amerikanische Medium Henry Slade mit den spiritistischen Phänomenen bekannt wurde, die mit diesem Medium angestellten Experimente veröffentlichte und zu ihrer Erklärung zu der von Kant, Gauß, Weber, Niemann und anderen Forschern aufgestellten Hypothesen eines Raumes von mehr als drei Dimensionen geführt hat.

Zöllners Veröffentlichungen hatten den Erfolg, dass die Aufmerksamkeit sich endlich auch in Deutschland dem modernen Spiritismus zuwendete, nachdem dieses Land fünfundzwanzig Jahre lang sich von diesen Untersuchungen ferngehalten hatte.

Von all diesen verschiedenen philosophischen Systemen, die sich an den Spiritismus knüpfen, ist die Lehre, die Allan Kardec abstrahiert hat, besonders geeignet, das Interesse jedes gebildeten und denkenden Menschen im höchsten Grade anzuregen, nicht bloß darum, weil sie eine offenbarte Philosophie ist, sondern auch wegen der Trefflichkeit ihres inneren Gehaltes, der die tiefsinnigsten Lehren der alten Weltweisen mit den Grundlehren des Christentums vereinigt, die letzteren bestätigend und glorifizierend, wie dies noch kein philosophisches System getan hat, dabei auf der Höhe der modernen Wissenschaft steht und auf die Teile des menschlichen Forschens Licht wirft, die aufzuhellen bisher unmöglich schienen. Nimmt man hierzu noch die Klarheit ihrer Konzeption, die dem einfachen schlichten Menschenverstand das Verständnis für die schwierigsten Probleme erschließt, so wird man sich leicht überzeugen, dass wir es hier in der Tat mit einer epochemachenden, bedeutungsvollen Erscheinung zu tun haben.

Die Grundlehren der spiritistischen Philosophie nach Allan Kardec

(Aus seinem Werk „Das Buch der Geister)

Gott ist ewig, unveränderlich, immateriell, einig, allmächtig, höchste Idee der Gerechtigkeit und der Güte.

Er ist der Schöpfer des Alls, welches alle Wesen umfaßt, belebte wie unbelebte, materielle wie immaterielle.

Die materiellen Wesen bilden die sichtbare oder körperliche Welt, die immateriellen Wesen die unsichtbare oder geistige Welt, die Welt der Geister.

Die geistige Welt ist die Normalwelt, die ursprüngliche, ewige, den Schranken der Zeit und des Raumes nicht unterworfene, der Körperwelt zeitlich vorausgehende und sie überdauernde Welt.

Die körperliche Welt ist nur sekundär; sie könnte aufhören oder nie vorhanden gewesen sein, ohne die Wesenheit der geistigen Welt zu verändern.

Die Geister legen auf Zeit eine vergängliche, materielle Hülle an, deren Zerstörung Tod genannt wird. Diese Zerstörung gibt den Geistern die Freiheit wieder.

Unter den verschiedenen Arten körperlicher Wesen ist nach göttlicher Bestimmung die Ordnung „Mensch" zur Einverleibung solcher Geister bestimmt, die bis zu einer gewissen Stufe der Entwicklung gelangt sind: dies verleiht dem Menschen die moralische und intellektuelle Überlegenheit über die übrigen Gattungen.

Die menschliche Seele ist ein einverleibter Geist: der Körper ist die Hülle dieses Geistes.

Der Mensch ist ein dreiteiliges Wesen: er besteht

1. aus dem **Körper** oder dem materiellen Wesen, analog den Tieren und durch dasselbe Lebensprinzip belebt,
2. aus der **Seele** oder dem immateriellen Wesen, dem in den Körper einverleibten Geist,
3. aus dem **Perispirit,** dem Band, welches Seele und Körper vereint: das zwischen Materie und Geist vermittelnde Prinzip.

Somit hat der Mensch zwei Naturen: mit Hilfe seines Körpers nimmt er an der Natur der Tiere teil, von denen er die Instinkte hat: mit Hilfe seiner Seele nimmt er an der Natur der Geister teil.

Der Perispirit (oder das Band), welcher Körper und Geist vereint, ist eine Art halbmaterieller Hülle. Der Tod zerstört die gröbste Hülle, den Körper; der Geist bewahrt die zweite, die für ihn einen ätherischen Körper bildet, welcher zwar für uns im normalen Zustand unsichtbar ist, aber gelegentlich und unter gewissen Umständen sichtbar, ja selbst fühlbar werden kann, worauf die so genannten Geistererscheinungen beruhen.

Demnach ist der Geist keineswegs ein abstraktes, unbestimmtes, bloß durch Denkoperationen zu erfassendes Wesen, sondern ein wirkliches, festbestimmtes, das in gewissen Fällen vermöge des Gesichts, des Gehörs und des Gefühls sich der sinnlichen Wahrnehmung aufdrängt.

Die Geister gehören verschiedenen Klassen an und sind weder an Macht noch an Einsicht noch an Wissen noch endlich an Moralität einander gleich. Die erste Klasse bilden die höheren Geister, die sich von den andern durch Vollkommenheit, Kenntnisse, ihr Nahegerücktsein zur Gottheit, die Reinheit ihrer Empfindungen und ihre Liebe zum Guten unterscheiden: Engel, reine Geister. Die anderen Klassen entfernen sich immer mehr von dieser Vollkommenheit; die auf den unteren Rangstufen stehenden Geister haben die meisten der menschlichen Laster: Hass, Neid, Eifersucht, Stolz usw. Sie gefallen sich im Bösen. Auch gibt es unter ihnen solche, die weder besonders gut noch besonders schlecht sind; zänkisch und unruhig-beweglich, wie sie bei nicht gerade bösem Charakter sind, scheinen Schelmerei und Leichtfertigkeit ihr Erbteil zu sein. Dies sind die leichtsinnigen Geister: Kobolde.

Die Geister gehören nicht für alle Zeit zu derselben Klasse. Alle erheben sich nach und nach, indem sie über die verschiedenen Stufen der geistigen Leiter schreiten. Diese Besserung findet durch die Einverleibung statt, die auch als Sühne, sowie als Mission auferlegt sein kann. Das materielle Leben ist ein Prüfung, welche die Geister zu wiederholten Malen zu bestehen haben, bis sie zu einem gewissen Grade der Vollkommenheit gelangt sind. Es ist für sie, um bildlich zu reden, das Menschenleben ein Reinigungsapparat oder Siebtuch, aus welchem sie mehr oder minder geläutert hervorgehen.

Beim Verlassen des Körpers kehrt die Seele in die intelligible, in die geistige Welt zurück, von der sie ausgegangen sind, um nach Ablauf längerer oder kürzerer Zeit, während welcher sie sich im Zustand eines „Wandelgeistes" befindet, eine neue materielle Hülle anzunehmen, d.h. wieder geboren zu werden (Reinkarnation, Palingenese, Wiedereinverleibung).

Da der Geist durch mehrere Einverleibungen hindurchgehen muß, so ergibt sich, dass wir alle mehrere Existenzen durchzumachen haben und dass wir noch andere mehr oder weniger vollkommene werden bestehen müssen, sei es hier auf Erden, sei es auf anderen Weltkörpern.

Die Einverleibung der Geister findet stets in der Ordnung „Mensch“ statt. Irrtümlich glaubte man früher, dass die Seele oder der Geist in den Körper eines Tieres eintreten könnte (Seelenwanderung, Metempsychose).

Die verschiedenen körperlichen Existenzen des Geistes sind immer vorwärtsschreitende, nie retrograde, rückwärts schreitende: aber die Geschwindigkeit des Fortschritts hängt von den Anstrengungen ab, welche wir machen, um zum Ziel zu gelangen.

Die Eigenschaften der Seele sind die des Geistes, der in uns einverleibt ist; so ist der tugendhafte Mensch die Einverleibung oder Verkörperung eines guten Geistes, der sündige Mensch die eines unreinen Geistes.

Die Seele hatte ihr Einzelbewusstsein, ihre Individualität vor ihrer Einverleibung: sie behält es nach der Trennung vom Körper. Bei ihrer Rückkehr in die Welt der Geister findet die Seele alle die wieder, welche sie auf Erden gekannt hat, und alle ihre früheren Existenzen stellen sich nach und nach mit dem Gedanken an ihre guten und schlechten Taten wieder in der Erinnerung dar.

Der einverleibte Geist steht unter dem Einfluß der Materie; der Mensch, welcher diesen Einfluß durch Erhebung und Läuterung seiner Seele überwindet, nähert sich den guten Geistern, zu denen er einmal gehören wird. Wer sich durch schlechte Leidenschaften beherrschen läßt und alle Freuden in der Befriedigung grober Begierden sucht, nähert sich den unreinen Geistern, weil er der tierischen Natur das Übergewicht einräumt.

Die einverleibten Geister bewohnen die verschiedenen Himmelskörper im unendlichen Raum.

Die nicht einverleibten Geister (Wandelgeister) bewohnen keine bestimmte und begrenzte Gegend im unendlichen Raume; sie finden sich überall, an unserer Seite, uns unaufhörlich betrachtend und umdrängend. Es ist dies eine ganze unsichtbare Bevölkerung, die um uns herum lebt und webt.

Die Geister üben auf die sittliche, ja selbst auf die physische Welt einen unablässigen Einfluß aus: sie wirken auf den Stoff, wie auf den Gedanken und bilden eine besondere Naturkraft, welche sich als wirkende Ursache für zahlreiche bisher unerklärte oder falsch aufgefasste Naturerscheinungen darbietet, die ihre rationelle Lösung erst im Spiritismus finden.

Die Beziehungen der Geister zu den Menschen sind konstante. Die guten Geister regen uns zum Guten an, halten uns in den Prüfungen des Lebens aufrecht und leihen uns ihre Hilfe, um die Last des Lebens mit Mut und Entsagung zu tragen. Die bösen Geister regen uns zur Sünde an: er gewährt ihnen Genuss, uns erliegen zu sehen und uns ihrem eigenen Wesen anzupassen.

Die Beziehungen der Geister zu den Menschen sind versteckte oder offen zutage tretende. Die versteckten zeigen sich in dem guten oder schlechten Einfluss, den sie auf uns ohne unser Wissen üben. Es ist Sache unseres Urteils, die guten oder schlechten Eingebungen, Inspirationen, zu unterscheiden. Die offen zutage tretenden Beziehungen finden statt durch Schrift, Wort oder sonstige materielle Kundgebungen, meist durch Vermittlung oder Medien, die den Unsichtbaren als Instrument dienen.

Die Geistermanifestationen sind spontane oder hervorgerufene. Im Allgemeinen kann man alle Geister anrufen; die Praxis bringt jedoch wesentliche Beschränkungen mit sich.

Namentlich ist es die Sympathie, welche die Geister anzieht. Höhere Geister suchen mit Vorliebe ernste Vereinigungen auf, wo Liebe zur Tugend und der aufrichtige Wunsch nach Belehrung und sittlicher Besserung herrscht. Ihre Gegenwart verdrängt die niederen Geister, die bei frivolen, von bloßer Neugier geleiteten Personen freien Zugang finden und hier in voller Aktionsfreiheit ihr Wesen treiben. Weit entfernt davon, gute Ratschläge und nützliche Winke zu erhalten, darf man in diesem Fall nur auf Nichtigkeiten, Lügen, schlechte Witze oder Foppereien rechnen.

Die Unterscheidung der guten und der bösen Geister ist überaus leicht. Die Sprache der höheren Geister ist unter allen Umständen würdig, edel und trägt die Signatur höchster Sittlichkeit, die frei von jeder niederen Leidenschaft ist. Ihre Ratschläge atmen reinste Weisheit und bezwecken stets unsere Besserung und das Wohl der Menschheit. Die Ausdrucksweise der niederen Geister ist hingegen inkonsequent, oft alltäglich, ja sogar ungeschliffen. Wenn sie auch hin und wieder Gutes und Wahres sagen, so sagen sie noch häufiger Falsches und Abgeschmacktes aus Bosheit oder Unkenntnis. Sie treiben mit der Leichtgläubigkeit ihr Spiel und vergnügen sich auf Kosten derer, die sie fragen, indem sie der Eitelkeit schmeicheln und trügerische Hoffnungen erwecken. Mit einem Wort, ernsthafte Mitteilungen in des Wortes bester Bedeutung erhält man nur in ernsthaften Kreisen, in solchen, wo die Mitglieder untereinander durch eine innige geistige Gemeinschaft zum Zweck der Tugendübung vereint sind.

Die Sittenlehre der höheren Geister findet sich in dem Gebot Christi zusammengefasst: Wir sollen gegen die anderen so handeln, wie wir wünschen, dass die anderen gegen uns handeln. In diesem Prinzip findet der Mensch eine allgemeine Richtschnur für sein Verhalten bis in die geringfügigsten Details.

Weiter lehren die höheren Geister, dass Egoismus, Stolz und Sinnlichkeit Leidenschaften sind, die uns an den Stoff binden und so der tierischen Natur nähern, dass der Mensch, der schon auf Erden durch Verachtung weltlicher Nichtigkeiten und durch Nächstenliebe sich von der Materie frei macht, sich der geistigen Natur nähert, dass ein jeder von uns sich je nach seinen Fähigkeiten nützlich machen soll, wie auch nach den Mitteln, die Gott zu seiner Erprobung in seine Hände gelegt hat. Weiter lehren sie, dass, da in der geistigen Welt nichts verborgen bleiben kann, der Heuchler samt allen seinen schimpflichen Handlungen entlarvt sein wird, dass die unvermeidliche, endlose Gegenwart derer, gegen welche wir uns vergangen haben, eine der auf uns wartenden Strafen ist und dass je nach der niederen oder höheren Stellung der Geister Strafen und Belohnungen zugemessen werden, die auf Erden unbekannt sind.

Endlich aber lehren sie uns, dass es keine unverzeihlichen Fehler gibt, dass alle durch Sühne ausgelöscht werden können.

Spiritistische Lebens-Leitsätze

„Ohne Liebe kein Heil“

Der wesentliche Zweck des Spiritismus ist die sittliche Hebung der Menschheit. Man darf in ihm also nur suchen, was zum sittlichen und intellektuellen Fortschritt förderlich ist.

* * *

Der wahre Geistergläubige ist nicht der, welcher an die Kundgebungen der Geister glaubt, sondern der, welcher die Unterweisung der Geister sich zu Nutze macht.

* * *

Egoismus, Stolz, Eitelkeit, Ehrgeiz, Begehrlichkeit, Hass, Neid, Eifersucht und Lästerung sind Giftpflanzen, die auf dem Boden der Seele wuchern und ausgerottet werden müssen. Ihr Gegengift heißt: Menschenliebe und Demut.

* * *

Nutzen vom Spiritismus hat nur der, von dem man sagen kann: „Er ist heute ein besserer Mensch, als er gestern war.“

* * *

Die Wichtigkeit, welche der Mensch den zeitlichen Gütern beimisst, steht im umgekehrten Verhältnis zu seinem Glauben an ein geistiges Leben; der Zweifel an einer besseren Zukunft treibt ihn dazu, seinen Leidenschaften zu frönen und seine Freuden selbst auf Kosten seines Nächsten in dieser Welt zu suchen.

* * *

Die Bekümmernisse auf Erden sind die Heilmittel für die kranke Seele; sie retten sie für die Zukunft, wie eine schmerzhafte chirurgische Operation das Leben eines Kranken rettet und ihm die Gesundheit wiedergibt. Darum heißt es: „Glückselig sind die Bekümmerten, denn sie sollen getröstet werden.“

* * *

In deinen Bekümmernissen blicke unter dich und nicht über dich. Denke an die, welche noch mehr leiden müssen, als du.

* * *

Verzweiflung ist natürlich bei dem, welcher glaubt, dass mit dem Leben des Körpers alles ende; sie ist ein Unsinn bei dem, der an eine Zukunft glaubt.

Der Mensch ist oft seines eigenen Unglücks Schmied auf Erden. Gehe er aufwärts nach der Quelle seines Missgeschicks und er wird sehen, dass es zum guten Teil das Endergebnis seiner Unvorsichtigkeit, seines Stolzes und seiner Gier, folglich einer Übertretung der göttlichen Gesetze ist.

* * *

Das Gebet ist ein Akt der Huldigung. Zu Gott beten heißt an ihn denken, sich ihm nähern, in Verbindung mit ihm treten.

* * *

Wer mit Inbrunst und Vertrauen betet, ist kräftiger gewappnet gegen die Versuchungen der Sünde, und Gott sendet ihm zu seinem Beistand gute Geister. Diese Hilfe wird nie versagt, wenn sie mit Aufrichtigkeit erbeten wird.

* * *

Es kommt nicht darauf an, viel zu beten, sondern gut zu beten. Manche denken, das ganze Verdienst liege in der Länge des Gebets und diese enthebe sie der Pflicht, die Augen fest auf ihre Fehler zu richten. Das Gebet ist für sie ein Beschäftigung, eine Ausfüllung der Zeit, aber nicht das, was es in erster Linie sein sollte: ein Akt der Selbsterkenntnis.

* * *

Wer Gott um Verzeihung seiner Sünden bittet, wird derselben nur dann teilhaftig, wenn er sein Betragen ändert. Gute Handlungen sind die edelsten Gebete: denn Handlungen gelten mehr als Worte.

* * *

Alle guten Geister empfehlen das Gebet: außerdem wird es von unvollkommenen Geistern als Mittel, ihre Leiden zu mildern, verlangt.

* * *

Das Gebet vermag nicht die Beschlüsse der Vorsehung zu ändern; aber wenn die leidenden Geister die Teilnahme sehen, die man ihnen schenkt, fühlen sie sich weniger verlassen und weniger unglücklich. Es hebt ihren Mut, erweckt in ihnen die Sehnsucht, durch Reue und Buße sich zu erheben und kann sie von dem Gedanken der Sünde abwenden. In diesem Sinn kann es ihr Leiden nicht nur mildern, sondern auch abkürzen.

Bete ein jeder nach seiner Überzeugung und der Art und Weise, die ihm die geeignete dünkt: Aufrichtigkeit und Reinheit des Wollens ist das Wesentliche. Ein guter Gedanke gilt mehr als zahlreiche Worte, die da ähneln dem Mühlengeklapper und bei denen das Herz für nichts ist.

* * *

Gott bevorzugt die, welche ihn von Grund ihres Herzens und in aufrichtiger Gesinnung anbeten, dabei rechtschaffen handeln und die Sünde meiden; er bevorzugt sie vor denen, die ihn durch unfruchtbare Zeremonien zu ehren glauben. Alle Menschen sind Brüder und Kinder Gottes: er ruft zu sich alle die, welche seine Gebote halten, welches immer die Form sein mag, unter welcher sie sie aussprechen. Wer nur die Äußerlichkeiten der Frömmigkeit beachtet, ist ein Heuchler; bei wem die Anbetung gekünstelt und um der anderen Willen gemacht ist, der gibt ein schlechtes Beispiel. Wenn einer sich z.B. zur Verehrung Christi bekennt und dabei stolz, neidisch, eifersüchtig, hart und unversöhnlich gegen seine Mitmenschen oder aber begierig nach den Gütern dieser Welt ist, so sage ich euch, seine Religion ist auf den Lippen und nicht im Herzen.

Der Allwissende wird sagen: „Der, welcher die Wahrheit kennt, ist hundertmal schuldiger and dem Bösen, das er tut, als der unwissende Wilde in der Wüste; und er wird an dem Tage, da ihm sein Recht gesprochen wird danach behandelt werden. Wenn ein Blinder dich im Vorbeigehen zu Boden wirft, so entschuldigst du ihn; tut dies aber ein Mann, der gut sieht, so beschwerst du dich, und dies mit Recht."

Fraget darum nicht, ob die eine oder die andere Form der Gottesverehrung besser sei. Das wäre gerade, als wolltet ihr fragen, ob Gott sich lieber in der einen oder der anderen Sprache anbeten ließe. Ich sage euch: Eure Gesänge dringen zu ihm nur durch die Pforte eures Herzens!

* * *

Gott hat starke und mächtige Menschen erschaffen, dass sie die Stützen der Schwachen seien. Der Starke, der den Schwachen unterdrückt, ist verstoßen vor Gottes Angesicht. Oft wird er dafür gezüchtigt schon in diesem Leben: wo nicht, so wird ihm dereinst sein Lohn zukommen.

Irdisches Gut ist ein hinterlegter Wert, von dem der Besitzer nur die Nutznießung hat, insofern er es nicht mit ins Grab nimmt; er wird von der Verwendung desselben strenge Rechenschaft abzulegen haben.

* * *

Irdisches Gut ist eine Prüfung, bei welcher man leichter straucheln kann als im Elend: denn es liegt die Versuchung zu Missbrauch und Ausschreitungen so nahe, und Maßhalten ist schwerer als Entsagung.

* * *

Der Ehrgeizige in seinem Triumph und der Reiche, der mit materiellen Genüssen sich nährt, sind mehr zu beklagen als zu beneiden. Der Rückschlag ist sicher. Durch Vorführung der Beispiele solcher, die einst auf Erden im Leibe wandelten und uns ihr jetziges Geschick enthüllen, zeigt der Spiritismus die Wahrheit des Wortes: „Wer sich selbst erhöht, wird erniedrigt werden und wer sich erniedrigt, wird erhöht werden.“

* * *

Liebe ist das erste, das höchste Gesetz! Liebet euch wie die Brüder, liebe deinen Nächsten wie dich selbst; verzeihet euren Feinden, das ist unter Menschen- und Nächstenliebe zu verstehen.

* * *

Menschenliebe zeigt sich nicht bloß im Almosengeben, nein, sie kann auch sonst in Gedanken, Worten und Handlungen zum Ausdruck gelangen. Menschenliebend in Gedanken ist der, der den Fehlern seines Nächsten gegenüber nachsichtig ist, menschenliebend in Worten der, welcher nichts sagt, was seinem Nächsten schaden könnte; menschenliebend in Handlungen der, welcher nach dem Maß seiner Kräfte seinem Nächsten beisteht.

* * *

Der Arme, welcher sein Stück Brot mit einem teilt, der noch ärmer ist als er selbst, zeigt einen höheren Grad von Menschenliebe und hat vor Gottes Augen mehr Verdienst als einer, welcher von seinem Überfluss gibt, ohne sich eine Entbehrung aufzuerlegen.

Wer gegen seinen Nächsten Gefühle des Zorns, des Hasses, der Eifersucht und des Grolls hegt, ist vom Geist der Menschenliebe nicht beseelt; er lügt, wenn er sich Christi Jünger nennt und lästert Gott.

* * *

Menschen von allen Kasten, Sekten und Farben! Ihr alle seid Brüder, denn Gott ruft euch alle zu sich. Reicht euch darum die Hände, welches immer eure Gottesverehrung sein mag! Haltet eure Zunge rein von den Worten des Fluches! Denn der Fluch ist die schwerste Verletzung des von Christus verkündeten Gebotes der Menschenliebe.

* * *

Wo Egoismus herrscht, da ist ein fortwährendes feindliches Ringen; wo Menschenliebe herrscht, da ist Friede. Die Menschenliebe soll die Grundlage der menschlichen Institutionen sein, sie allein vermag das wahre Glück in dieser Welt sicherzustellen, sie allein vermag es, das zukünftige Glück zu gewährleisten; denn sie schließt stillschweigend alle Tugenden ein, die zur Vollkommenheit führen. Wo jene Menschenliebe herrscht, deren Lehrer und Täter Christus war, da gibt es keinen Egoismus mehr, keinen Stolz und Hass, keine Eifersucht und Schmähsucht, kein maßloses Hängen an den Gütern dieser Welt. Darum lautet die erste Lebensregel des Spiritismus:

„*Ohne Liebe kein Heil.*“

Die Probleme des Menschenlebens im Lichte des Spiritismus gesehen

Die Grundlehren der spiritistischen Philosophie nach der Schule Allan Kardecs erhellen auf wissenschaftlichem und speziell ethischem Gebiet gewisse Bereiche, die bisher vollständig im Dunkeln lagen. Namentlich ist es die Lehre von den sukzessiven Einverleibungen oder „Reinkarnationen", die, obwohl aufgrund widerspruchsvoller medialer Mitteilungen von vielen Seiten beanstandet, nichtsdestoweniger geeignet erscheint, die wichtigsten Rätsel und Probleme des Menschenlebens zu lösen. Diese Lehre, die sich im Volksglauben der indogermanischen Völker seit urdenklichen Zeiten vorfindet, von den erhabensten Denkern des Altertums gelehrt und unter den Deutschen unter anderem von Lessing ganz kurz vor seinem Tode in bündiger Form als Glaubensbekenntnis ausgesprochen worden ist, hat neuerdings besonders in den romanischen Ländern unter dem gebildeten Publikum überhaupt - nicht bloß unter den eigentlichen Spiritisten - zahlreiche Anhänger gefunden und ist in Wort und Schrift lebhaft befürwortet und verbreitet worden. Die Probleme, die durch die Hypothesen zu einer ganz überraschenden Lösung gelangen, hat Allan Kardec im „Buch der Geister" in der ihm eigenen lichtvollen, klaren Darstellungsweise aufgeführt. Unter den 1019 Fragen, die in diesem Buch aufgeworfen und beantwortet werden, ist für einen guten Teil die Wiedereinverleibung der eigentliche Schlüssel zur Lösung des Problems. Man muß, wenn man nicht ganz in Voreingenommenheit befangen ist, zugestehen, dass eine Hypothese, die sich bei Lösung so vieler dunkler Fragen als so mächtig und fruchtbar erweist, das Interesse ernster Denker mit Recht für sich in Anspruch nehmen darf und zu näherer Prüfung auffordert.

Es kann hier nicht der Ort sein, einen Auszug aus dem „Buch der Geister" zu geben. Es möge die Anführung einer Reihe von Problemen genügen, bei deren Lösung die Lehre von der Wiedereinverleibung mehr oder minder mitwirkt.

Der Spiritismus gibt unter anderem ausreichende Antworten und Erklärungen über folgende Punkte:

1) Sind die verschiedenen im Raum sich bewegenden Welten, die Sterne, bewohnt wie die Erde?

2) Sind diese eventuellen Bewohner den Erdenbewohnern ähnlich? Könnten sie ebenso gut bei uns wohnen?

3) Sind diese Welten auf derselben Entwicklungsstufe in intellektueller und sittlicher Hinsicht, wie die Erde?

4) ‘Wo ist der Sitz der menschlichen Seele?

5) Ist die Seele zugleich mit dem Körper oder vorher geschaffen?

6) Wie erklärt sich die Verschiedenheit der natürlichen Befähigungen und Neigungen unter den Menschen?

7) Wie vereinigt sich die Seele mit dem Körper?

8) Wie ist der intellektuelle Zustand der Kindesseele im Augenblick der Geburt?

9) Wie entstehen die angeborenen Ideen, die frühreifen Anlagen, die instinktiven Befähigungen für eine besondere Kunst oder Wissenschaft?

10) Warum gibt es in sündhafter Umgebung instinktiv gute Kinder, während andere in guter Umgebung instinktiv schlecht sind?

11) Wie kommt es, dass von zwei Kindern des nämlichen Vaters, die unter gleichen Verhältnissen aufgezogen sind, der eine verständig, der andere albern, der eine gut, der andere schlecht ist? Warum ist der Sohn eines genialen Menschen manchmal ein Dummkopf, und der Sohn eines Dummkopfs ein genialer Mensch?

12) Woher kommt die Liebe der Eltern zu den Kindern und umgekehrt?

13) Warum gibt es schlechte Väter und schlechte Söhne?

14) Wie kommt es, dass man bei gewissen Personen, die in niederer Lebenslage geboren sind, einen angeborenen Trieb nach Würde und Seelengröße findet, während andere, die unter den höheren Klassen der Gesellschaft geboren sind, niedere Instinkte haben und durch Würdelosigkeit des Benehmens auffallen?

15) Welches ist die Ursache der Sympathien und Antipathien zwischen Leuten, die sich zum ersten Mal sehen?

16) Was ist eigentlich das Gewissen?

17) Hat der Mensch freien Willen?

18) Hat Gott das Böse geschaffen?

19) Wird der Mensch gut oder schlecht geboren?

20) Woher kommt das Gute und das Böse auf Erden? Warum gibt es mehr Böses als Gutes?

21) Warum geht es dem Bösen oft wohl, während der tugendhafte Mensch allen möglichen Bekümmernissen ausgesetzt ist?

22) Warum werden die einen in Dürftigkeit, die anderen im Überfluss geboren?

23) Warum gibt es Blindgeborene, Taubgeborene, von Geburt Stumme? Warum haben die einen zahlreiche leibliche Mängel, während andere mit glänzenden Gaben des Körpers ausgestattet sind? Ist dies Zufall oder das walten der Vorsehung?

24) Warum gibt es Blödsinnige und Kretins? (Körperlich/geistig Zurückgebliebene)

25) In welchem Zustand befindet sich die Seele während des Schlafes?

26) Woher kommen die Träume?

27) Woher kommen die Ahnungen?

28) Warum gibt es auf der Erde wilde und zivilisierte Menschen?

29) Wie kommt es, dass man inmitten der zivilisierten Gesellschaft Wesen findet, die an Rohheit des Charakters den ungebildeten Wilden ähneln?

30) Was ist die Ursache des Nationalcharakters der einzelnen Völker?

31) Woher kommt der Fortschritt und das Degenerieren der Völker?

32) Wie geht es bei der Trennung der Seele vom Körper, d.h. beim Tode zu? Vollzieht sie sich mit einem Schlag oder nach und nach?

33) In welchem Zustand befindet sich die Seele unmittelbar nach dem physischen Tod? Hat sie sofort Selbstbewusstsein? Was sieht sie? Welches sind ihre Empfindungen?

34) Hat die Seele nach dem Tod das Bewusstsein ihrer Individualität? Wie konstatiert sie dieselbe? (Wie stellt sie dieselbe fest?)

35) Beeinflusst die Todesart den Zustand der Seele?

36) Wohin geht die Seele, nachdem sie den Körper verlassen hat?

37) Interessiert sich der freigewordene Geist noch für die Arbeiten, die er unvollendet hinterlassen hat?

38) In welchem Zustand befindet sich im Jenseits die Seele eines Kindes, das in zarten Alter gestorben ist?

39) Schreiten die Seelen nach dem Tod intellektuell und moralisch vorwärts?

40) Ist das Schicksal des Menschen nach dem Tod unwiderruflich festgesetzt?

41) Welches ist das Schicksal der Kinder, die in ganz jungen Jahren gestorben sind?

42) Haben die Geister im Jenseits Beschäftigungen? Beschäftigen sie sich mit anderem, als mit ihren Leiden und Freuden?

43) Worin bestehen die Leiden der Seele nach dem Tod?

44) Welches ist das Los der Missetäter im Jenseits?

45) Welches ist der Zustand der Selbstmörder nach dem Tod?

Die spiritistischen Grundlehren, sowie die von Selbstmördern herrührenden Manifestationen lassen den Selbstmord als eines der schwersten Verbrechen erscheinen und den Zustand der Selbstmörder als einen überaus beklagenswerten. So ist der Spiritismus wohl geeignet, der in zivilisierten Ländern immer mehr überhand nehmenden Selbstmordepidemie ein definitives Ende zu bereiten.

Anmerkung des damaligen Herausgebers

46) Nützt die Fürbitte und das Gebet leidenden Seelen?

47) Worin bestehen die Freuden der glücklichen Geister?

48) Verbringen die seligen Geister die Ewigkeit in beschaulicher Betrachtung?

49) Nach welchen Gesetzen vollzieht sich der Fortschritt der Menschen?

50) Gibt es Rassen, welche sich gegen jeden Fortschritt ablehnend verhalten und gehört die Negerrasse zu diesen?

Wer heute Berichterstattungen von Fernsehen, Rundfunk und Presse aufmerksam verfolgt und dabei Veröffentlichungen aus dem Gesundheitswesen beachtet, der hört und liest immer wieder von psychosomatisch erkrankten Menschen, die als therapieresistent gelten. Selbst aus ärztlichen Fachkreisen bekommen die Betroffenen nur die schlichte Anweisung: >Sie müssen lernen mit diesem Phänomen zu leben.< Einige dieser Phänomene sind Angst, Depression, auch Sucht ganz allgemein und außergewöhnliche Sensibilität, wie beispielsweise das Hellfühlen, Hellhören und Hellsehen. Therapeutische Fachkreise schätzen allein die Zahl der Stimmenhörer in Deutschland auf weit mehr als eine Million. Viele dieser betroffenen Menschen empfinden so ein Phänomen wie eine Fremdbeeinflussung, die sie ganz erheblich in ihrem Wohlbefinden stört.

Sind diese Menschen nun wirklich alle krank? Gehören sie hinter die Mauern einer psychiatrischen Anstalt? Oder sind sie einfach nur ungewöhnlich sensibel? Hat unsere Gesellschaft, haben unsere Fachleute deshalb keine geeignete Therapie oder Hilfeleistung mehr anzubieten, weil wir auf dem medizinisch-technischen Gebiet, auf dem körperlichen, rein materiellen Bereich schon zu weit fortgeschritten sind bis zu einem Punkt, wo die Seele, der Geist des Menschen keine Beachtung mehr findet? Der Mensch ist doch bekanntlich eine Einheit aus Körper-Seele-Geist.

Der amerikanische Psychologen Stanley Krippner stellte 1982 auf einem Kongress in Österreich nicht-medizinische, natürliche Heilweisen vor. Hier präsentierte das Ehepaar Marinho ein seit weit über 60 Jahren in Brasilien straff organisiertes Hilfeangebot für sensible Menschen:

Mediumistisches Heilen

In Brasilien ist das eine sehr bekannte Form geistigen Heilens, die auch in Therapeutenkreisen sehr verbreitet ist und als Unterstützung zur konventionellen Therapie genutzt wird. Speziell bei psychosomatischen Störungen, wenn herkömmliche Methoden zu versagen scheinen, wird diese Form des Heilens zusätzlich bei Hilfesuchenden oft sehr erfolgreich angewandt.

Mediumistisches Heilen hat tiefe Wurzeln in ur-christlichen Überlieferungen und basiert auf dem Glauben an die Unsterblichkeit der Seele - des Geistes und auf dem allgemeinen Gesetz von Ursache und Wirkung. Viele namhafte Größen der Geschichte haben sich zur Wiedergeburt, zur Reinkarnation bekannt, die bis zum Konzil zu Konstantinopel im Jahr 553 auch einmal Bestandteil der christlichen Religion war. Zu diesen Größen gehörte auch der französische Professor Hippolythe Leon Denizard Rivail (1804-1869), bekannt unter dem Pseudonym **Allan Kardec.** Seine Erkenntnisse und Lehren sind noch immer die Basis in der brasilianischen Medienschule

Federação Espírita do Estado de São Paulo

Hier werden unter diesem Aspekt der Wiedergeburt - der Reinkarnation mit der Technik des Mediumistischen Heilens täglich etwa 8000 Hilfesuchende behandelt.

Funktioniert das nur in Brasilien? Die Wirkung dieser Therapieform ist nach Erkenntnis einer mittlerweise in Deutschland etablierten und weit über die Grenzen hinaus wirkenden Studien- und Arbeitsgruppe auf keinen Kulturkreis und auf keine Glaubenszugehörigkeit beschränkt. Schließlich geht das Basiswissen dieser Methode auf europäisches Kulturgut zurück, das es jetzt gilt, wieder zu entdecken, weiter zu erforschen und zum physischen und psychischen Wohl von sensiblen, medial begabten Menschen nutzbringend einzusetzen. Sensible und medial begabte Menschen sollten keine Außenseiter in unserer Gesellschaft sein, ihre ungewöhnliche Sensibilität sollte nicht länger generell als Krankheitsbild gewertet und die Psychiatrie nicht generell als ihr Zuhause bestimmt werden. Therapieresistenz ist nicht in allen Fällen etwas Unabwendbares.

ALKASTAR hat den Zweck, Anlaufstelle für sensitive, spirituell offene und interessierte Menschen zu sein, um hier zunächst einmal fundierte sachliche Informationen, eine andere Sichtweise, eine zusätzliche Orientierung zu bekommen. Die Betonung liegt hier auf nichtmedizinischen Möglichkeiten als Ergänzung zu herkömmlichen, schulmedizinischen Methoden.

ALKASTAR erstrebt eine gleichberechtigte Zusammenarbeit und Partnerschaft von sensitiven und medialen Menschen, deren Angehörigen und Freunden, spirituell offenen und interessierten, in psychiatrischer oder psychotherapeutischer Praxis und Forschung Tätigen.

ALKASTAR nimmt sich hilfesuchender sensibler, medial begabter Menschen an, die sich durch Fremdeinfluss in ihrem Wohlbefinden erheblich gestört fühlen.

EARTH OASIS – REISEN ZUR ESSENZ

SEMINARE, EVENTS UND KONGRESSE IN DEUTSCHLAND

Erleben Sie führende Heiler, Schamanen und Seminarleiter aus aller Welt!

Beispiel:
Die Deutschen Geistheilungstage mit Joao de Deus

Nachdem das Bundesverfassungsgericht im März 2004 Geistige Heilung auch für nicht dem Ärztestand angehörende Heiler legalisierte, wurden die bisherigen Besuche von Joao de Deus, dem wohl bedeutsamsten Heiler der Gegenwart, zu den größten Heilungsevents, die je hierzulande stattfanden. Das begnadete Medium Joao berührte die Herzen Tausender Menschen und initiierte viele Heilungen.

Nach der Devise „Wer heilt, hat recht", schenken immer mehr Menschen auch alternativen Heilmethoden ihr Vertrauen – spätestens dann, wenn ihnen die Schulmedizin nicht mehr helfen kann. Nunmehr hat Geistheilung alles Potenzial, sich zu einem bedeutsamen dritten Bereich in einem Gesundheitssystem zu entwikkeln, das sich noch immer zu einseitig auf die zu bekämpfende Krankheit fokussiert und deshalb zunehmend auf die Nicht-Finanzierbarkeit zusteuert. Wir alle sind gefordert, eine neue inspirierende Vision tiefer Lebensfreude und damit einhergehender nachhaltiger Gesundheit zu entwickeln.

EARTH OASIS informiert

Weitere Bücher der EARTH OASIS Edition „Heiler dieser Erde“sind:

Das Buch der Wunder

Die Heilungsarbeit von Joao de Deus

ISBN 3-89539-478-5

Zum Inhalt: Das berührende „Buch der Wunder“ der amerikanischen Autorin und Psychotherapeutin Josie Raven Wing berichtet von den alltäglichen Wunderheilungen in der Casa de Dom Inacio, dem „spirituellen Hospital“ von Joao de Deus im Zentrum Brasiliens. Während der letzten vier Jahrzehnte hat Medium Joao Millionen Heilungssuchende behandelt! Durch seine Arbeit konnten zahllose Menschen mit Krankheiten jeglicher Art geheilt werden.
Dieses Buch ist voller Inspiration und Hoffnung; es ist unbedingt Allen zu empfehlen, welche die Kunst des Heilens erforschen wollen oder selbst Heilung suchen.

Die Autorin: Die international anerkannte Autorin **Josie Raven Wing,** Master of Arts (MA), Familien- und Psychotherapeutin, ist eine Pionierin auf dem Gebiet der ganzheitlichen Heilung. Sie integriert westliche Theorien mit multikulturellen und spirituellen Heilungsmethoden. Sie unterrichtet an Universitäten, leitet Workshops in den USA und im Ausland und ist noch Autorin der Bücher „Die Rückkehr des Geistes“ und „Die Jahreszeit der Adler“.

Der Wunderheiler

Die Lebensgeschichte von Joao de Deus

Zum Inhalt: Das faszinierende Buch „Der Wunderheiler – Die Lebensgeschichte von Joao de Deus“ des australischen Autors Robert Pellegrino-Estrich zeichnet das phantastische Bild eines der grössten Heilungsphänomene unserer Zeit. Wenn Menschen, die völlig gelähmt waren, aus ihren Rollstühlen aufstehen und Blinde ihr Augenlicht wiederbekommen, stellt dies unsere herkömmliche Sicht der Realität vollkommen in Frage. Die Geschichten von Joao de Deus rütteln am allgemeinen Glauben und wecken uralte Erinnerungen, die nur zu wahr klingen: dass mit Liebe alles möglich ist.

ISBN 3-8334-1654-8

Der Autor: Einst erfolgreicher Geschäftsmann in Australien, wurde **Robert Pellegrino** 1995 durch einen Traum zur Casa de Dom Inacio geführt. Was er dort sah, sollte sein Leben für immer verändern – viele „hoffnungslose Fälle“ wurden in dieser Zufluchtsstätte behandelt und geniessen jetzt ein gesundes und aktives Leben. Er selbst erfuhr Heilung von chronischem Asthma.
Der Autor bemüht sich, die theoretischen Grundlagen zu erklären, die hinter diesen erstaunlichen Wundern stecken. Er zeigt auf, dass Joao de Deus der lebendige Beweis der Fähigkeit der Menschheit ist, Ressourcen der Heilung anzuzapfen, die von der modernen Wissenschaft erst noch zu entdecken sind.

Die Magie des Amazonas

Die Lebensgeschichte des Schamanen Don Agustin Rivas Vasquez

ISBN 3-89539-479-3

Zum Inhalt: Diese faszinierende und ergreifende Biographie des höchstrangigen peruanischen Schamanen und Ayahuasquero Don Agustin Rivas Vasquez ist voller Geheimnisse, Gerüche, Geräusche und einer Realität, die weit über unseren Erfahrungshorizont hinausreicht. Don Agustin ist ein vielschichtiger, charismatischer Charakter, der den Leser an Castaneda erinnert. Im Geiste anderer Biographien großer spiritueller Führer und Lehrer beschreibt „Magie des Amazonas" das Leben eines Mannes, seiner Kultur und seines Territoriums – den Amazonas. Durch das Lesen bleiben wir mit einem Gefühl von Verantwortung, Demut und Wunder zurück.

Die Autorin: Jaya Bear, Frau des verstorbenen bekannten Indianerhäuptlings Sun Bear, lebt heute in New Mexico und ist als Autorin, Künstlerin, Unternehmerin und Organisatorin von Workshops und Reisen tätig. Mit dem vorliegenden Buch ist es Jaya gelungen, ein fesselndes ethnisches Dokument zu erschaffen, das die Sicht eines Insiders in die Welt des Schamanismus im Amazonas enthüllt. Jaya Bear portraitiert die geistige Welt der Natur durch die Wärme und das Wissen von Don Agustin Rivas, nahe einer Realität, die wir alle verstehen können.

Joao de Deus
Das Phänomen von Abadiania

ISBN 3-89539-480-7

Zum Inhalt: Bereits 1994 hat der bestens qualifizierte Autor Jose Liberato Costa Povoa diese präzise, gut verständliche Darstellung über das „Phänomen von Abadiania" verfasst, die von seiner intimen Kenntnis der Vorgänge in der Casa de Dom Inacio zeugt. Ehe in späteren Jahren faszinierte ausländische Besucher Bücher über die Heilungsarbeit von Joao de Deus verfassten und in ihren Heimatländern veröffentlichten, entstand mit diesem Buch ein authentisches Dokument, das auch 10 Jahre nach Erscheinen nichts von seiner Klarheit und geistigen Brillianz verloren hat.

Der Autor: Jose Liberato Costa Povoa kann auf einen ebenso umfangreichen wie qualifizierten Lebenslauf verweisen. Er genießt in Brasilien einen exzellenten Ruf als Jurist und ist Autor von insgesamt mehr als 20 Büchern. Er war Gründer und erster Präsident des Schriftstellerverbandes seines Heimatstaates und bekleidete verschiedene hohe Ämter in der Zentralregierung in Brasilia. Liberato Povoa war ebenfalls Vizepräsident und Präsident des Gerichtshofs wie auch Gouverneur seines Bundesstaates Tocantins.

Paranormale Heilungen
durch Joao Teixeira de Farias

ISBN 3-89539-481-5

Zum Inhalt: Diese alle wissenschaftlichen Kriterien erfüllende, dennoch spannend und gut lesbar geschriebene Doktorarbeit sollte endgültig Jene überzeugen, die noch immer Zweifel an der Existenz paranormaler Heilung haben. Wenn über 90 % der befragten 500 Besucher der „Casa de Dom Inacio" an das Medium und die Wirksamkeit seiner Arbeit glauben und Menschen kennen, die durch die Einwirkung von Joao de Deus und den durch ihn arbeitenden Geistwesen Linderung bzw. Heilung erfahren haben, dann sind dies Ergebnisse, die an Eindeutigkeit kaum zu überbieten sind.

Die Autorin: Alfredina Arlete Savaris verfasste diese Doktorarbeit 1997 in ihren Studien zur Erforschung des menschlichen Bewusstseins an der Fakultät für Biophysische Wissenschaften der Universität Dr. Bezerra de Menezes von Parana, Brasilien.